연극세계의 이해를 위한 질문

| 지은이 | **김중효**

미국 University of Oregon에서 연극학 박사학위를 받았으며, 현재 계명대학교 연극뮤지컬 전공 교수이자 연극평론가로 활동하고 있다. 저서로는 『실상과 허상 사이』, 『무대 위의 상상』, 『연극_시간의 거울』이 있으며, 공저로는 『공연예술의 이해』, 『현대연출가연구』, 『한국현대연극100년』, 『연극의 지평』 등이 있다. 「연극을 '본다'는 것과 무대의 은유 이미지 관계 연구」 외 여러 편의 논문을 발표했고, 〈줄리엣의 유모〉, 〈눈먼 사랑〉, 〈두병사 이야기〉, 〈어느 계단 이야기〉 등의 작품을 극작, 연출, 무대디자인 하였다.

연극세계의 이해를 위한 질문

초판1쇄 발행일 2016년 2월 29일

지은이 김중효
발행인 이성모
발행처 도서출판 동인
주 소 서울시 종로구 혜화로 3길 5 118호
등 록 제1-1599호
TEL (02) 765-7145 / **FAX** (02) 765-7165
E-mail dongin60@chol.com
ISBN 978-89-5506-700-2
정가 14,000원

연극세계의 이해를 위한 질문

| 김중효 지음 |

연극세계를 이해하고 싶은 사람들을 위한 **질문**과 **답변**

왜 우리는 연극을 제작하고 공연작품을 감상하는가?

도서출판 동인

| 머리글 |

연극은 참으로 인간적인 예술이다. 다양한 예술가들이 참여하고 그들의 협업協業에 의해 진행되는 연극의 제작 방식이 우리가 살아가는 세상 모습과 비슷하다. 인간의 본성을 재현하는 내용도 인간적이고, 관객과 상호작용에 의해 진행되는 형식은 더욱 인간적이다. 이러한 연극의 작업과정을 살펴보면 마치 삶의 과정처럼 느껴진다. 연극세계를 이해하는 것은 인간의 삶을 이해하는 일과 같다고 말하는 이유일 것이다. 연극의 세계에 관한 책을 집필하면서 이러한 생각을 떨칠 수 없었다. 그래서 '왜 우리는 연극을 제작하고 공연작품을 감상하는가?'라는 부제를 붙이게 되었다. 글을 쓰는 과정에서 이러한 질문은 궁극적으로 연극세계의 이해에 도움이 되는 답변을 견인하는 중심체가 되었다. 목차의 구성을 '연극의 정의와 본질', '연극의 역사와 특성', '연극예술가와 제작', '연극의 감상과 상식', '연극의 현재와 미래'

와 같은 다섯 개의 카테고리로 구분하게 된 배경이기도 하다.

영상매체가 대중의 관심을 받는 시대에도 연극은 꾸준히 공연되고 있다. 한 해에 발표되는 편수와 횟수로 따지면 공연예술 분야 중에서 연극작품이 가장 많을 것이고, 영화와 텔레비전 드라마에 견주어도 양적으로 월등할 것이다. 전문극단뿐만 아니라 아마추어 단체와 교육기관 등에서 발표되는 연극 형식의 공연 발표까지 포함하면 총합의 수는 가늠할 수 없을 정도이다. 가장 오래된 예술의 하나인 연극이 오늘날에도 공연되고 있는 이유는 무엇일까. 영상매체에 투자되는 제작비와 비교하면 연극 동네의 수준은 예전이나 지금이나 열악하기 그지없다. 그럼에도 언제나 무대에 조명이 켜지고 공연은 항상 진행되고 있다. 우리는 왜 극장에 가고 연극을 보는 것일까. 연극작업에 참여하는 배우들이 경제적인 곤란에도 불구하고 무대 위에 서기를 갈망하는 이유는 무엇일까. 도대체 연극에는 어떤 매력이 있기에 전혀 다른 분야의 사람들이 머리를 맞대고 공연작품을 제작하는 것일까. 현실이 고단하고 덜 유쾌할 때에도 비극작품을 감상하는 이유는 무엇일까. '연극'과 '씨어터'와 '드라마'라는 용어는 어떻게 구분할 수 있을까. 연극이 끝나고 난 뒤에 출연했던 배우들이 무대에 다시 등장하여 커튼콜을 하는 이유는 무엇일까.... 이런 다양한 질문들에 대한 답변을 통해 우리는 연극세계를 좀 더 심층적으로 알게 될 것이다.

출간된 연극분야 서적들은 전문 이론서이거나 공연 작품을 분석한 평론 서적인 경우가 대부분이다. 현장 실무자들을 위한 제작,

경영 혹은 전문 가이드북과 희곡분석 및 무대제작 등에 초점을 맞춘 현장 작업서들도 눈에 띈다. 이러한 책들은 연극예술을 탐구하려는 연구자와 현장예술인들에게 유용하나 첫발걸음을 내딛는 전공학생과 일반인에게는 유효하지 못할 수 있다. 이러한 생각을 하던 중에 전공자를 대상으로 강의하면서 학생들의 학습 욕구를 충족시켜줄 교재를 구상하게 되었다. 『연극세계의 이해를 위한 질문』은 따라서 전공 입문자를 위한 수준의 내용으로 집필하면서도 연극에 관심 있는 일반인들에게도 도움이 될 수 있는 주제들로 구성하고자 했다. 강의실에서 받았던 질문들과 정부 기관과 예술 관련 유관 단체의 연수생들이 요청했던 연극 관련 상식들 그리고 공연장에서 만난 일반 관객들이 궁금해 하던 물음 중에서 논의 가치가 있다고 생각한 내용 중에서 선별하였다. 이 책에서 사용한 단어는 약 2만 6천개 정도여서 스스로도 문체를 크게 기대하지 않는다. 하지만 다루어야 할 내용을 빠뜨린 것에 대해선 밝히고 가야할 듯하다. 기획, 경영, 연기술, 극장 공간과 장비 등에 대해선 다루지 못했다. 한국연극을 포함하여 아시아와 제3세계의 연극에 대해서도 언급하지 못했다. 책을 읽게 될 대상과 분량에 가늠하면서 내용을 추스르는 과정에서 빠지게 되었다.

연극의 제작과정은 극작가의 구상에 의해 이뤄진 희곡 작품을 토대로 연출가, 배우, 무대미술가, 조명, 의상, 분장, 소품 디자이너 등의 스태프들 간 협력에 의해 무대 형상화가 이뤄진다. 이러한 제작과정은 문학, 미술, 음악, 무용, 심리, 철학, 과학 등의 요소가 유기적으로 관계를 맺어야 하며 다양한 예술가 집단들이 연극 제작과정에서 서로의 재능을 공유해야만 한다. 즉, 연극은 협업의 특성을 중시하는 가장 오래된 인간의 예술이다. 이러한 연극의 특성을 토대로 씨어터, 드라마, 연극, 희곡, 대본 등에 대한 구분과 사실주의 연극과 서사연극의 차이 등 여러 주제들을 살펴보고자 했다. 희곡과 대본 그리고 공연제작의 단계를 설명하거나, 무대 형상화 작업에서 연출가의 출현배경과 책임 범위, 공연화의 순서와 커튼콜이라는 관습이 형성된 이유 등과 같은 상식적이면서도 전공 입문자라면 꼭 알아야 할 내용을 가급적 쉽게 설명하려고 노력했다. 노력이란 게 주관적인 판단이기에 어떤 독자에게는 여전히 빽빽한 문장으로 읽혀질지도 모르겠다. 제공되는 내용의 가치로 상쇄되기를 바랄 뿐이다. 연극 양식의 구분과 무대 미학적 표현양식 그리고 희곡분석 등의 현장 활동에서 필요한 지식과 상식에 대한 정보를 유용하게 얻을 수 있다면 좋겠다.

차례

3부 ▌연극예술가와 제작에 관한 질문

4부 ▌연극의 감상과 상식에 관한 질문

5부 ▌연극의 현재와 미래에 관한 질문

부록 ▌ 연극비평과 공연에세이 예시

| 1부 |

연극의 정의와 본질에 관한 질문

광대 : 미친 자식, 염병에나 걸려 뒈질 놈 같으니라고! 언젠가 내 머리에 포도주 한 병을 통째로 뿌렸던 작자죠. 이것은, 폐하의 광대였던 요리크라는 자의 해골이랍니다.

햄릿 : 이것이?

광대 : 그렇다니까요.

햄릿 : 어디 보자. (해골을 손에 들고) 아, 불쌍한 요리크! 난 이 사람을 알지. 호레이쇼, 기막힌 생각을 할 줄 알던 사람이었지. 항상 나를 등에 업고 다녔고 말야. 그런데 지금 이 모습을 보니 구역질이 나고 소름이 돋는군. 난 셀 수도 없이 그에게 입맞춤을 했는데…… 입술이 여기에 있었을 텐데. 사람들을 웃기던 너의 농담은 이제 어디에 있느냐? 아래 턱이 빠져버린 해골의 모양이 되어 버렸구나. 그 꼴로 마나님 방에 가서 이렇게 지껄여 주거라. 얼굴에 분을 잔뜩 발라도 결국은 요 모양 요 꼴이 된다고 말이다. 가서, 네 꼴을 보고 웃게 하란 말일세. 여보게, 호레이쇼 대답해 주게.

—세익스피어 <햄릿>의 5막 1장 중에서

| 01 |

연극이란 무엇인가?

'연극이란 무엇인가?' 이러한 질문은 마치 '인생이란 무엇인가'라고 물어보는 것과 비슷하다. 연극과 인생에 대한 정의를 어떻게 한두 마디로 딱 잘라 얘기할 수 있겠는가. 설령 대답을 하려해도 각자의 관점에서 묘사를 할 뿐이다. 답은 있으나 정답이 없다는 점에서 연극과 인생은 유사한 성격을 가지고 있다. 게다가 연극과 인생은 현재진행형이라는 특성을 가지고 있다. 예술로서의 연극과 현실로서의 인생은 고정된 체계가 아니라 흐르는 강물이나 구름처럼 시간에 따라 변화하고 반복된다. 반복되더라도 똑같은 시간이거나 공간이 아니며 같은 연극이라도 매회 똑같이 재생되는 게 아니다. 연극과 인생은 집단성과 상호작용의 방식에 의해 작동되고 유지된다는 점도 비슷하다. 여러 경우에서 연극과 인간의 삶은 많은 공통분모를 공유하고 있다. 연극 작품의 등장인물들이 현실의 사람들처럼 제한된 시간 안에서 각자의 역할을 담당하는 게 그러한 경우이다. 주인공이든 조연이든 연극에 등장하는 모든 인물들은 주어진 역할을 맡고 있으며, 덩치가 크든 작든 대사가 많든 적든 간에 모두가 작품에 필요한 존재들이다. 자연인으로서의 개인이 생활에 열성을 다하면 인생의 품격은 더없이 좋아지고 배우가 극 중 인물의 역할에 충실할수록 작품의 완성도가 높아지는 것은 단순한 비유가 아니라 절대적인 사실이다. 그래서 가장 감동적인 드라마는 실제 인생이라고 말하는 것이다.

'연극이란 무엇인가'란 물음은 때로는 '종교란 무엇인가'라는 질문처럼 들리기도 한다. 제의기원설을 주장하는 학자들은 연극의 내용과 형식이 종교적 특성과 유사하다는 점을 지적한다. 오래전부터 인간은 자연재해와 이해 불가한 초자연적 현상으로 두려움을 느꼈으며 전쟁, 질병, 식량곤란 등으로 고통을 받았다. 죽음에 대한 불안과 공포는 아무도 피해갈 수 없었다. 심란한 감정과 위협받는 안위와 예측 불가한 재난으로부터 벗어나기 위해 율동과 음률로 구성된 다양한 의식행사를 발전시켰다. 오랜 세월을 거치면서 이러한 과정은 경외감과 흥겨움을 일으키는 제례적 규칙과 집단의 관습이 되었을 것이다. 고대 그리스의 아테네에서 탄생한 디오니소스축제는 연극과 종교의 관계가 매우 밀접하다는 것을 설명해주는 사례이다. 고대 그리스의 연극들은 인간 사회를 신들의 세계로 연결해주는 매체였으며, 우주의 질서를 주장하는 '디케Dike' 사상을 공유하려고 했다. 중세의 경우도 별반 다르지 않았다. 속세의 쾌락을 조장하는 공연적 행위를 금지하고 극장을 폐쇄했으나 연극적 활동은 교리의 전파를 위한 강력한 수단으로 재탄생하였다. 이러한 관습은 현대에 와서도 성극聖劇의 형태로 남아 있다. 연극과 종교가 요구하는 형식과 내용에서 여러 공통분모를 가지게 된 이유일 것이다. 구체적으로 설명할 수 없을지라도 연극과 종교 사이에 서로 공유하는 부분이 많다.

'연극이란 무엇인가'라고 물어본다면 이렇게 대답할 수도 있겠다. '살아남기 위한 방편으로 인간의 의지에 의해 만들어진 생존방식의 활동'이라고. 인간에게 유익하지 않았다면 연극은 진작 사라졌으며 어쩌면 애초에 등장하지도 않았을 것이다. 오래된 고전작품이 지금까지도 읽히는 까닭은 시대의 변화와 관계없이 개인과 집단의 영속에 유익하기 때문이다. 고전작품은 시대를 뛰어넘어 건강한 인간정신의 확장을 이끌어 준다. '최고'라는 의미의 '클래식classic'은 단순히 학문적 지식을 쌓기 위한 고서古書로 규정되어선 안 된다. 고전이란 오랜 세월에 걸쳐 인류 진화에 긍정적 영향을 주는 유익한 자산이기 때문이다. 연극 또한 고전작품처럼 궁극적으로 인간을 영속적으로 존재케 해주는 공적 기능을 가지고 있다. 예를 들어서 전염병이 사회에 만연했을 때에는 개인의 질병이 아니라 사회적 재난이 되듯이, 연극은 개인의 취향이 아니라 사회적 공기公器로 기능을 해왔다. 왜냐하면 개인과 집단의 위기를 보여주면서 예방하거나 자각하게 만드는 기능을 연극이 담당해주었기 때문이다. 비극의 인물이거나 조롱받는 광대 같은 존재는 이러한 기능을 유효하게 해주는 동력원들이다. 고뇌로 가득하거나 스스로 파멸해가는 비극의 인물은 관객에게 인간의 결점과 한계를 알게 해준다. 우스꽝스러운 극 중 인물들은 우리의 어리석음과 허위를 드러내면서 반성과 자각을 불러일으킨다. 연극은 개인을 다루면서 사회와 연결시켜주는 인간의 활동인 것이다. 우리가 지켜야 할 인간성과 신념을 강화시켜주고, 결점과 한계를 깨닫게 하면서 보완을 권하는 가장 인간다운 예술이라고 정의할 수 있겠다.

이와 같이 연극은 인생과 종교와 생존을 위한 인간의 오래된 활동의 하나이다. 그런 이유로 인해, 일상에서 연극과 관련된 표현이 많다. 예를 들어, "이건 연극과 같아" "연기하는 거지?" "시합에서 극적으로 이겼어!"라는 말을 종종 사용한다. 주목을 받을 때 "주인공 같다"거나 "스포트라이트를 받았다"는 표현을 쓴다. 예상치 않은 일이 벌어질 때에는 "드라마틱하다"고 말한다. 텔레비전, 영화관, 극장에서만 드라마가 펼쳐지는 게 아니라 집, 학교, 거리, 경기장 등 우리가 살고 있는 어느 곳이든지 드라마가 펼쳐지고 있다. 실제로 세상은 연극 무대처럼 어떤 일이든 벌어지는 공간이다. 세상의 축소판으로 기능을 한다는 점에서 연극의 경우도 마찬가지다. 그래서 연극은 종합세트처럼 다양한 예술 장르의 요소를 사용한다. 무용, 미술, 음악뿐만 아니라 영상과 건축과 심리, 철학, 과학 등의 여러 요소를 혼합하여 문학의 틀로 구축된 이야기를 전개하는 방식으로 작동된다. 연극의 또 다른 특성은 관객과 배우의 상호작용에 의한 현장성이 강조되는 예술이라는 점이다. 이러한 조건과 특성으로 인해 연극은 시간과 공간의 제약을 받으면서 인간의 이야기를 관객들에게 직접 들려주고 보여주는 종합 예술이라고 말한다.

연극은 현실을 모방하는 허구의 인간과 세상을 표현하는 예술이다. 인간이 허구에 매력을 느끼는 이유는 무엇일까? 가능하지도 않은 일을 마치 실제처럼 말하면서 즐거워하는 게 인간이 가진 메타 표현의 능력이라고 설명하는 것만으론 부족하다. 극장의 객석에 들어찬 많은 관객들은 극작가의 상상에 의해 만들어진 허구의 이야기를 진지하게 보면서 경청을 한다. 공연이 끝난 뒤에 가상의 세계에서 벌어진 사건을 가지고 담화를 계속하려고 한다. 이런 현상에 대하여 브라이언 보이드brian Boyd는 『이야기의 기원』(*On the Origin of Stories*)에서 다음과 같이 요약하였다. 첫째는 세상의 현상을 풍부한 방식으로 보기 위한 것이며, 둘째는 사건이나 이야기의 표현을 구성하고 이해할 수 있을 뿐만 아니라, 셋째로는 사회적 정보와 함께 이야기 만들기를 인지놀이로 여기기 때문이다.[1] 보이드의 관점은 인간이 허구의 연극세계를 즐겁게 탐구하는 이유를 어느 정도 이해하게 해준다. 연극이 종종 인생의 은유로 작동되는 까닭도 여기에 있다. 인간의 행동과 세상의 진실을 설득력 있게 전달하기 위해서 연극은 특정한 표현방식을 사용할 수밖에 없다. 시간과 공간의 제약을 받기 때문이다. 만약 그러한 연극의 표현 방식 혹은 양식적 체계가 없다면 어떤 일이 생길까. 아마도 연극의 내용이 총체적이고 표현 형식은 종합적이어서, 많은 사람들이 모인 광장이거나 장터에서 시끌벅적한 장면처럼 될 것이다. 한마디로 예술이 될 수 없다는 뜻이다. 그래서 모든 예술은 장르별로 특정한 표현 양식을 가지고 있다.

연극은 즐거움과 깨달음을 관객에게 제공하기 위해 다양한 표현 방식을 사용한다. 완결된 이야기를 대사, 감정, 장치, 음향, 조명, 움직임 등의 종합적 표현을 통해 관객에게 직접 전달하는 구조이다. 이러한 특성의 연극이 존재하기 위해선 최소한 '배우', '관객', '공간'이 필요하다. 이러한 세 가지를 우리는 연극의 3요소라고 부른다. 피터 브룩Peter Brook은 『빈 공간』(*The Empty Space*)에서 '누군가가 텅 빈 공간을 가로질러 걸어가는 동안 또 다른 사람이 그를 보고 있다면, 이것은 연극의 행동을 작동시키는 기본 조건이다'[2]라고 했다. 특정 공간과 행위자에 대한 관객의 상호작용이 연극 본질의 핵심이란 걸 강조하는 말이다. 연극이란 이처럼 무대 위에서 펼쳐지는 배우의 행위를 통해 관객의 감상에 의해 작동되는 예술이라고 정의할 수 있다. 이와 같은 특성에 의해 제작되고 공연되는 연극은 완성된 상태로 관객을 만날 수가 없다. 대신에 연극은 관객과 만나면서 완성이 되어가는 예술이다. 군중 속의 고독한 개별 존재들이 늘어나는 시대에 연극은 집단 방식에 의해 제작되고 관객이라는 공동체를 상대하면서 작동되는 예술이다. 누군가는 효율성이 떨어지는 분야라고 평할지도 모른다. 또 다른 이는 무리동물인 인간의 정체성을 가장 잘 반영하는 예술이라고 추켜 세워줄지도 모른다. 어떤 경우일지라도 연극이 다양한 활동 중에서 인간과 세계를 다각적인 관점에서 들여다보게 해주는 예술이란 점은 분명할 것이다. 여러분들도 '연극이란 무엇인가?'를 자문하면서 각자의 답을 내어보기를 바란다.

질문에 관한 또 다른 질문 I

- 영상미디어에 익숙해진 현대인들에게 연극의 매력을 줄 수 있는 방법은 무엇일까?

- '연극이란 무엇인가'라는 물음에 대한 여러분의 개인적인 정의는 무엇인가?

| 02 |

연극은 무엇을 어떻게 표현하는가?

연극은 갈등을 다루는 예술이다. 집단 사이에서 발생하는 외적 갈등뿐만 아니라 한 인물의 내적 갈등도 흥미진진한 연극의 소재가 된다. 외적 갈등은 사람들 사이에서 불거지는 경우이지만 때로는 국가와 같은 집단이거나 자연재해 혹은 신적 존재들과의 갈등으로 확장될 수 있다. 이러한 극적 갈등은 궁극적으로 연극의 사건을 촉발시키는 핵심 재료이다. 욕망과 욕구에 의해 피어오르는 갈등이 첨예할수록 드라마는 흥미진진해질 수밖에 없다. 잔잔하던 바다가 바람의 속도에 따라 출렁이는 높이가 달라지는 것처럼 연극의 흥미도 갈등의 고조에 따라 좌우된다. 따라서 이야기의 갈등 요소를 어떻게 집약시켜서 효율적으로 전개할 것인가란 고민은 연출가와 배우와 그 외 스태프 요원들에게 중요한 과제가 된다. 연극은 시간과 장소를 자유롭게 넘나들 수 없으며 배우의 얼굴을 클로즈업할 수도 없고 장면을 여러 시점에서 보여줄 수도 없다. 따라서 관객의 상상력을 이끌어내야 하는 대사와 움직임 그리고 조명과 음향 등의 여러 시청각적 요소를 정교하게 연출해야 한다. 그러할 때에 등장인물의 갈등이 점증되면서 극의 전개가 흥미로워지고 무대 위에서 벌어지는 이야기가 '그럴 듯하게' 작동된다. 그럴 듯하다는 것은 일종의 유사성과 같은 말이다. 무대의 장면이 현실의 어디에선가 일어났거나 일어날 수도 있다는 동의同意의 감정을 관객에게 느끼도록 해준다. 극장에서 연극을 관람하는 것은 달리 말하자면 실제 삶에서 체험할 수 없는 사건을 무대에서 가체험假體驗하는 행위와 같은 것이다.

관객의 연극 체험은 무대 위에서 벌어지는 '사건'과 밀접한 관련을 맺고 있다. 연극의 사건은 '갈등'의 증폭에 의해 발생하는 것으로 우리 삶의 모습이기도 하다. 이처럼 거의 모든 연극작품에 다뤄지는 사건은 인간의 삶과 환경을 배경으로 전개된다. 인간의 삶을 다루는 연극은, 테오도르 생크Theodore Shank가 얘기했듯이 수많은 예술가들이 모여서 공간적 차원과 시간적 차원의 창조적인 공동 작업을 통해 이뤄지는 종합적이고 복합적인 예술이다. 연극이 성립되기 위해서는 배우들에 의해 창조되는 대사와 행위가 요구된다. 무대장치로 묘사되는 장광과 조명 그리고 음향, 의상, 소품 등의 여러 요소들이 결합하는 과정이 필요하고, 이러한 복잡한 장면에 반응하는 관객이 있어야 공연이 완성된다. 연극작품이 작동되는 것은 생각보다 복잡한 편이다. 게다가 연극은 무대 위의 허구를 실제처럼 느끼게 만드는 마법을 부려야 한다.

무대 위에서 펼쳐지는 모든 행위와 장면들은 현실이 아니다. 하지만 연극을 감상하는 동안 관객은 무대 위에서 진행되는 갈등과 사건이 실제와 같은 현장감을 종종 느끼게 된다. 관객은 연극이 허구의 예술이라는 것을 알고 있다. 그럼에도 무대 위에 등장한 배우들의 실감나는 연기는 관객의 감정과 생각을 다른 세계로 옮겨가도록 해준다. 다른 세계란 현실이면서도 현실이 아닌 가상의 공간과 허구의 인물로 '창작'된 연극의 세계를 뜻한다. 이러한 관극 경험은 허구를 실제처럼 느끼도록 유도하는 '모방'에서 비롯된다. 연극에서의 모방은 '흉내copying'라기보다는 '묘사' 혹은 '재현'의 의미가 강하다. 현실에서 실제적 상황을 모두 경험하기에는 너무나 위험하다. 그래서 인간들은 오랜 세월을 보내면서 무대라는 안전한 공간을 만들어 '가체험'의 경험을 하고자 했다. 연극은 이러한 의도적이고 의식적인 모방을 통해 표현방식의 규칙을 만들어왔다. 연극이란 인생을 단지 흉내 내는 것이 아니라 인간 행동의 습성을 무대 위에서 '재현'하거나 '묘사'하는 예술장르인 것이다.

아리스토텔레스는 『시학』의 제1장에서 연극을 행위의 미메시스mimesis라고 설명했다. 미메시스는 '모방'을 의미한다. 아리스토텔레스는 모방을 인간의 본능적 성향이라고 생각하였다. 이것은 희곡문학의 원천이면서 아리스토텔레스가 주장하는 모방본능에 입각한 연극예술이론의 핵심이기도 하다. 아리스토텔레스에게 있어서 연극('비극'을 뜻함)은 인간 자체를 묘사하는 게 아니라 인간의 행동과 인생을 재현하는 일이라고 생각했다. 그가 활동하던 당시의 연극작품들은 신화적 구조의 틀 안에서 과장되거나 비현실적인 장면들이 자주 등장했다. 하지만 고대 그리스 비극과 희극은 인간의 언어와 행동으로 묘사된다는 특징을 눈여겨 볼 필요가 있다. 당시의 연극작품들은 인간의 삶을 진지하게 보여주었으며 인간의 천성에 대하여 생각해 보도록 자극을 주었다. '연극은 인생을 모방한다'는 아리스토텔레스의 해석은 오늘날까지도 유효하게 적용되면서 현대연극에 영향을 주었다.

현대 관객들은 공연감상을 할 때 연극적 경험은 실제가 아니란 것을 안다. 아서 밀러의 <세일즈맨의 죽음>(*Death of a Salesman*)에서 윌리 로먼Willy Loman이 자살했을 때 연기자가 실제로 죽었다고 믿지 않는다. 오이디푸스Oedipus 왕이 자신의 눈을 찌르며 황야로 떠나는 장면에서 주인공을 맡은 배우가 진짜로 장님이 되었다고 생각하지 않는다. 매번 공연할 때마다 누군가 죽고 다친다면 그것은 연극이 아니라 현실이다. 연극은 상상되어지는 행위를 모방하는 것일 뿐이다. 다만 '그럴듯함'을 통해 진실을 추구하는 연기술에 의해 관객들은 잠시라도 무대 장면이 실제와 같다고 느끼며 극 중 인물에 대한 감정의 반응을 일으킨다. 그러한 감정은 종종 이성적이면서 동시에 감성적으로 작동되면서 관객에게 숙고의 시간을 갖게 해준다. 그러한 숙고의 시간은 결과적으로 어떤 방식으로든 관객들에게 카타르시스를 제공하게 된다. 극 중 인물인 윌리 로먼의 결단과 오이디푸스의 행동을 통해 관객들은 삶의 의미를 떠올리고 자신의 인생에 관해 둘러보는 기회를 갖는다. 인간 세상에서 발생하는 많은 좌절이나 아픔이나 슬픔 혹은 여러 성취와 기쁨과 영광에 관한 이야기를 무대 위에서 들려주고 보여주는 이유다. 아버지와 남편으로서 역할이 무엇이고 사회라는 거대한 조직에서 어떻게 행복을 추구할 것인지를 느끼게 된다면 연극 작품의 내용과 등장인물들의 행위와 갈등 묘사가 제대로 작동된 것이다. 좋은 연극은 관객에게 인간의 한계와 가능성을 동시에 생각하게 만든다. 우리는 극장을 나오면서 그러한 장면을 떠올리며 어떻게 살아야 할지를 고민하게 된다. 연극은 삶의 모습을 무대 위에서 재현하면서 관객에게 극 중 인물의 사상과 감정의 경험을 공유하도록 제안하는 예술이다.

질문에 관한 또 다른 질문 |

● 연극의 양식으로 표현할 수 없는 소재와 주제는 무엇일까?

● 관람했던 연극작품 중에서 자신에게 사상적이나 감성적으로 영향을 끼친 작품이 있는가? 만약 있다면, 어떤 방식으로 영향을 받았는가?

| 03 |

왜 연극을 '본다'고 말할까?

우리는 '연극을 본다'고 표현하지 '연극을 들으러 가자'라고 말하지 않는다. 하지만 셰익스피어 시대의 관객들은 연극을 듣기 위해 극장에 갔다. <햄릿>(*Hamlet*)의 2막 2장은 고뇌의 주인공 햄릿이 궁전에 도착한 배우들에게 연극 공연을 요청하는 장면이다. 햄릿은 자신의 아버지가 숙부에 의해 살해되었다는 의심을 확인하기 위해 왕의 살해 장면을 담은 연극을 배우들에게 다음과 같이 부탁한다. "내일 여러분의 연극을 듣기로 하겠소. 여보게 자네, <곤자고의 살해>를 공연할 수 있겠나?"[3] 이미지를 중시하는 현대연극과 달리 16세기의 런던에서 상연되던 연극들은 대사 중심으로 이뤄졌기에 청각에 의존한 장면들이 많았음직하다. 여성배우가 없었던 셰익스피어 시대의 연극이었으니, 사실적인 무대표현은 기대할 수도 없었을 것이다. 대신에 아름다운 음운체 대사로 관객의 감정에 호소했을 거라고 짐작할 수 있다. 연극을 귀로 들을 수밖에 없었으니, 주인공 햄릿의 대사는 그 당시 런던의 청중聽衆들에겐 너무나 자연스러운 표현일 수밖에.

점차 실내 극장이 보편화되면서 촛불, 기름램프, 가스등과 같은 인공조명이 소개되고 그에 따라 가림막 등도 등장하였다. 대중적인 연극들이 유행하고 무대장치가 화려해지면서 18세기가 되자 연극은 정말 볼거리가 많아졌다. 이때 즈음에는 여성배우들도 활약을 했으니 당시의 관객들의 눈은 매우 바쁠 수밖에 없었다. 대사 중심에서 이미지 중심의 연극으로 옮기는 데 기여한 인물로는 19세기와 20세기의 전환기에 등장한 스위스 태생의 무대 예술가 아돌프 아피아Adolphe Appia, 1862~1928와 영국의 전설적인 여성배우 엘렌 테리Ellen Terry의 아들이자 당대의 유명한 배우, 연출가, 무대미술가로 알려진 에드워드 고든 크레이그Edward Gordon Craig, 1872~1966 등이 있었다. 체코슬로바키아 출신의 조세프 스보보다Josef Svoboda, 1920~2002는 혁신적인 영상술을 도입하는 등 시각을 중시하는 연극을 발전시켰다. 물론 연극은 전통적으로 문학적 서술을 강조하는 예술이었다. 이러한 서사 중심의 연극은 20세기 전환기에 이르러 복잡해진 인간의 사고방식과 모순이 가득한 사회구조로 인해 표현방식에 대한 재검토를 요구받았다. 부조리극, 표현주의극, 서사극 등이 그러한 결과로 등장하게 된 실험연극이었다.

개인의 내면세계를 탐구하고 무의식과 추상적 감정의 본원을 헤쳐 보려는 시도가 활발하게 일어난 배경의 일환이었다. 무대 위에서 표현되는 인간의 내면과 무의식 혹은 추상적 감정에 대한 내용과 주제는 더 이상 음성언어로 전달하기에는 곤혹스러울 정도로 복잡해져 버렸다. 대사가 파편화되고 텍스트가 해체되면서 관객에게 진실을 옮겨주기에는 음성언어의 진정성은 초라하게 쇠락하고 말았다. 아네트 쿤Annette Kuhn의 지적처럼 텍스트는 '의미를 생산하는 데 있어서 중요한 역할을 하지만, 의미는 언제나 특정 텍스트의 한계를 넘어서'는 성질을 가지고 있기 때문이다.[4] 텍스트의 한계를 극복하기 위해선 배우의 신체와 무대 장치, 조명, 영상 등 시각언어의 운용이 대안으로 떠올랐다. 관객들에게도 극 중 인물이 느끼는 것이 무엇인지를 수용하면서 감상하는 '극적 상황의 이중적 자각double consciousness of the theatrical event'이 필요하게 되었다.

음성언어가 분석적이고 논리적일 거라고 생각하지만 실제로는 비유적이며 은유적인 태도를 취하는 경향 또한 많다. 그러한 이유로 극장에서 연출되는 모든 시각 장면은 무대를 쳐다보는('눈으로 읽는'이란 뜻으로) 관객을 위하여 그림이 아니라 이미지가 되어야 하는 당위성을 가지게 된다. 사회적 가치social value는 사회적 원형social prototypes과 밀접한 관계를 맺고 있다고 맥코내치McConachie는 주장하는데,[5] 현대 관객들은 대사보다 이미지로부터 더 진실한 인상을 받는 경향이 있다. 특히 배우의 대사라든가 소리 등이 충분하게 전달되지 않았을 경우에 시각적 표현은 원래의 이미지가 가지고 있는 의미보다 더 강하게 관객들에게 어필된다고 도미닉 존슨은 주장한다.[6] 어쩌면 텍스트의 해체와 배우의 대사가 분절되면서 이러한 인상이 더욱 부각되는 것일지도 모른다. 실내 극장의 등장 이후 시각적 표현이 다양해졌으며 현대에 이르러 이미지 중심의 공연이 더욱 증가하는 추세이다. 연극은 앞으로도 시청각적 표현을 지속적으로 발전시킬 것이고, 관객은 여전히 극장으로 발길을 향하면서 연극을 '보러가자'고 말할 것이다.

질문에 관한 또 다른 질문 |

- 연극에서 사용되는 음성언어와 시각언어의 종류와 그들의 특징은 무엇인가?

- 현대연극은 이미지를 중시하는 경향이 강한데, 알고 있는 공연작품의 제목과 대표적인 장면을 설명할 수 있는가?

| 04 |

연극의 요소와 구조는 무엇인가?

연극은 허구의 이야기를 전달하는 예술이다. 제한된 공간과 시간 안에서 허구의 인물과 그들의 이야기를 전달하기 위해 연극은 특정한 방식이 요구될 수밖에 없다. 그러한 연극의 특성을 이해하기 위해서는 연극의 요소와 이야기를 전달하는 방식을 알아야 한다. 이와 같은 연극의 요소에 대해 최초로 설명한 사람은 고대 그리스의 철학자 아리스토텔레스Aristotle로 알려지고 있다. 그의 주장에 의하면 연극은 6가지의 요소로 구성된다. 아리스토텔레스가 거론한 연극은 오늘날의 비극을 의미하는 것으로, 플롯plot, 인물character, 사상thought, 대화dialog, 음률melody, 장광spectacle으로 이뤄진다고 보았다. 그렇다면 이러한 6가지의 연극 요소를 순서대로 살펴보자. 먼저 '플롯'은 연극의 사건이나 시간의 배치를 담당하는 기능을 한다. 연극의 핵심은 플롯이라고 생각한 아리스토텔레스는 사건과 시간의 짜임새는 발단 > 전개 > 위기 > 절정 > 결말의 순서로 이뤄져야 한다고 보았다. 통상적으로 플롯의 구성은 이야기의 시간과 사건전개의 긴장이 비례하면서 구축되기도 한다. 갈등에 의해 발생하는 사건을 인과적으로 매듭을 묶는 게 플롯의 기능이다. 플롯은 '주플롯main plot'과 '종속플롯subplot'으로 구분되며, 경우에 따라서 한 작품에 여러 개의 다양한 종속플롯이 있을 수 있다. 플롯은 결과적으로 연극의 내용을 흥미롭게 전개시키는 매우 중요한 요소이자 극적구조를 결정하는 핵심이다. 그래서 아리스토텔레스는 『시학』에서 플롯을 연극의 가장 중요한 요소라고 주장했다.

'인물'은 연극 작품에 등장하는 존재이자 그들의 성격을 뜻한다. 그것은 각 등장인물이 가지고 있는 '초목적superobjective'을 의미하는 것이라고도 말할 수 있다. 연극에는 필요 없는 존재가 없기 때문에 극 중에 등장하는 모든 인물은 각자의 궁극적인 목적을 가지게 된다. 그러한 등장인물이 일관되지 않게 묘사될 경우에는 존재가치가 합리적으로 설득될 수가 없다. 극 중 인물의 '행동action'에 따른 목표와 목적이 명확하게 전달되지 않기 때문이다. 등장인물들은 각자 고유의 개성을 보여주지만 동시에 관객으로부터 공감을 얻기 위해 보편적인 성격을 가져야 한다. '사상'은 일종의 주제와 동의어다. 극작가가 창조한 극 중 인물들에 의해 발생된 사건이 관객에게 어떤 감정과 사상을 일으키게 되는지를 가늠하는 요소인 것이다. 연극 작품은 이야기를 구축하면서 궁극적으로 핵심적인 사상 즉 작품의 주제를 관객에게 전달해야만 한다. 이러한 주제가 없는 작품이라면 아무리 이야기 전개가 재미있고 뛰어난 배우들이 좋은 연기를 펼쳐보였을지라도 조명이 꺼지고 막이 내린 후에 관객에게 남는 것은 공허뿐이다.

'대화'는 등장인물의 음성언어, 즉 대사를 뜻한다. 극 중 인물의 의식세계와 감정의 층위를 보여주는 주요한 도구이자 작품 내용을 전개시키는 기능을 한다. 야구선수로 비유하자면, 무대 위의 배우는 대사를 제대로 쳐줘야 한다. 타자들도 제대로 공을 쳐야 '살아서' 나간다. 제대로 치지 못한 타자는 죽은 자가 되어서 벤치로 들어가야 한다. 마찬가지로 배우들도 매번 무대 위에서 제대로 대사를 쳐줘야 관객들에게 살아 있는 역할로 다가간다. 그러지 못할 경우에는 숨을 쉬는 배우이지만 존재감이 없는 등장인물이 될 수밖에 없다. 배우의 화술은 대화의 속도와 높낮이를 조절하고 작품의 긴박성을 조정하는 수단이 된다. 대사는 극 중 인물의 행동과 그들의 결정을 의미심장하게 극적으로 만들어주는 중요한 수단이자 기술이다. '음률'은 음악적 요소를 의미하는 것으로 공연언어의 리듬이나 배경으로 사용하는 음향 혹은 노래 등을 뜻하기도 한다. 음률은 대사뿐만 아니라 작품 전개의 속도와도 관계를 맺고 있다. 눈에 보이지 않지만 관객에게서 발생하는 작품에 대한 감정의 반응은 이러한 음률에 의해 결정되는 경우가 많다. '장광'은 연극의 장면을 일컫는다. 무대장치와 조명, 의상을 포함하여 배우들의 움직임과 소품의 질감 등 무대 위의 보이는 모든 것을 포함한다. 아리스토텔레스는 연극의 요소 중에서 가장 덜 중요하다고 생각한 것이 시각적 대상이었다. 하지만 현대연극에서 시각적 요소는 매우 중요해졌다. 오늘날의 관객은 무대에서 들려오는 소리보다 보이는 것에 능동적으로 반응하기 때문이다.

요리를 할 때에 필요한 재료와 도구들, 예를 들어서 매운탕을 만들기 위해 물, 양념, 채소, 고기 외 기타 필요한 여러 조리기구들이 있어야 한다. 연극의 요소는 연극 작품이 맛있고 멋있게 탄생할 수 있도록 도와주는 기본 조건들이다. 작품의 이야기가 전개되는 방식과 등장인물의 성격을 합리화시키는 요령 혹은 관객의 정서를 자극하기 위한 조치들이 연극의 요소라면, 연극이 전개되는 구조는 플롯의 전개와 관계가 있다. 앞에서 설명한 갈등과 사건의 전개를 구축하는 플롯을 다시 떠올려보자. 플롯은 갈등과 사건을 구축하여 이야기를 흥미롭게 만든다. 그러한 플롯의 시작은 사소한 행동이나 어떤 작은 사건에서 비롯된다. 가령 주인공이 하찮은 다툼이나 사소한 언쟁 같은 것에서 점층적으로 위태로워지면서 곤란에 빠지는 경우이다. 이처럼 작은 갈등이 불거지고 또 다른 갈등과 엮이면서 사건이 구체화되는 상승부rising action로 진입하게 된다. 사건의 전개는 시간의 경과이므로 위기와 절정climax에 이르러 긴장과 대립이 고조되는 구조를 보여준다. 이러한 구조는 대부분의 고전극에서 흔히 나타나는 양태이다. 갈등이나 사건이 순차적으로 진행되지 않고 상황에 의해 전개되는 경우를 우리는 '상황적 구조'라고 구분하며, 에피소드와 이야기 중심으로 이뤄지는 경우에는 '삽화적 구조'라고 부른다. 결국 연극의 요소와 구조는 '어떤 일이 생겼는가?' 그리고 '어떻게 해결되었는가?'라는 질문의 간격을 효율적으로 대답해주는 재료이자 도구들이다. 여기서 우리가 유의해야 할 점은, 앞서 얘기했던 매운탕을 만들기 위한 준비를 떠올려보자. 막상 요리할 때에 중요한 것은 어떻게 조미하느냐에 달려 있다. 조미료의 사용에 따라 맛과 영양의 관계에 영향을 끼친다는 것은 분명한 사실이다. 연극을 제작할 때 관객의 입맛에 맞도록 재미있거나 흥미로움을 가미하면서 본래 작품의 의도가 훼손되지 않아야 한다. 연극의 재미는 조미助味가 아니라 자미滋味여야만 하는 이유이다.

질문에 관한 또 다른 질문 |

● 만약 아리스토텔레스가 주장한 연극의 6가지 요소를 현대연극에 적용하면 각 요소의 중요도 순위는 어떻게 될까?

| 05 |

연극에서 환영은 무엇인가?

연극의 탄생과 실제의 환영illusion은 밀접한 관계를 맺고 있다. 거울이 현실을 되비쳐주는 것처럼 연극은 인간과 사회의 모습을 반영하는 기능을 가지고 있다. 우리는 무대 위의 장면을 진짜라고 생각하지 않는다. 하지만 그럴듯한 무대장치를 배경으로 의상을 입고 분장한 배우들이 펼치는 연기를 보면서 '마치 진짜와 같은' 경험을 한다. 이러한 환영이 강하게 작동이 되면 관객들은 완성도 높은 연극을 감상했다고 생각할 여지가 높다. 물론 사실주의 연극의 예라고 할 수 있겠지만, 아리스토텔레스는 이러한 연극적 '환영'을 행위의 모방의 결과라고 설명하였다. 이때 모방은 단순히 고스란히 반사하는 거울의 의미가 아니다. 연극에서 보여준 행위들은 가상적이고 상상적인 정서를 바탕으로 숙련된 연기자와 스태프들의 협업에 의해 표출된 결과물이다. 무대 위에서의 행위가 실제라면 관객들은 오히려 매우 거북하거나 반감을 느낄 것이다.

역사적으로 각 시대에 따라 무대 위에서 사실성의 환영을 추구하는 방법은 다양했다. 고대 그리스인들은 자신들의 연극작품을 아주 사실적이라고 믿었다. 하지만 그리스 배우들은 운문체의 대사로 전달했을 뿐만 아니라 커다란 가면을 쓰고 연기를 했다. 무대 위에는 오늘날의 공연처럼 사실적인 무대장치가 없었다. 고대 아테네의 배우들은 특별한 의상을 착용하지도 않고 노래와 춤을 사용하면서 연기를 펼쳤다. 아테네의 관객들은 하지만 그런 장면을 사실적으로 받아들이고, 아가멤논과 오이디푸스와 메데이아의 행동을 보면서 전율을 느꼈다. 중세시대에는 때때로 수레마차와 끄는 짐차 위에서 공연을 했다. 악마의 등장과 지옥불과 같은 특수효과를 만드는 특수한 장치기계를 사용했는데, 당시의 관객들은 질릴 정도로 너무나 사실적으로 반응했다는 기록이 있다. 셰익스피어 시대의 관중들은 무대 위의 배우들이 자신들에게 직접 대사를 건네는 모습을 당연하게 생각했다. 엘리자베스 시대의 무대 의상은 일상복과 다르지 않았으며, 무대는 소도구 외에는 거의 비어 있었다. 대신에 배우들은 말로 설명하거나 암시하였다. 등장인물의 비천한 계급을 나타내기 위해 극작가가 특별히 산문체 대사를 사용하도록 배우에게 요구하는 경우가 아니라면, 대부분의 배우들은 운문체 대사를 사용했다. 일상어가 아닌 운문체 대사였지만 엘리자베스 시대의 사람들은 연극을 마치 현실의 이야기처럼 받아들였다.

셰익스피어의 <한여름 밤의 꿈>(*A Midsummer Night's Dream*)을 예로 들어보자. 이러한 연극은 사실성을 환기시키기 위한 환영이 아니라, 꿈의 실제화를 위한 환영이라고 보아야 할 것이다. 오베론의 요정 퍼크가 사용한 마법 그리고 보텀이라는 이름의 수공예 장인에게 씌워진 당나귀의 머리... 이러한 모든 것들은 환상이나 환영으로 나타나며 관객은 그러한 표현을 자연스럽게 수용하게 된다.[7] 이러한 표현방식은 셰익스피어 시대뿐만 아니라 현대의 관객에게도 유효하게 작동된다. 연극은 시대를 불문하고 인간의 감정을 성찰하게 해주는 예술이잖은가. <한여름 밤의 꿈>에 등장하는 인물들을 통해 관객으로서의 우리는 절실하게 그리워하는 연인들의 감정과 거절에 따른 아픔을 대리적으로 경험할 것이다. 요정의 장난에 의해 엉망진창이 돼버린 젊은 연인들 때문에 다투는 오베론과 타이타니아를 보면서 질투와 소유욕이 무엇인지에 대해서 관객들은 골똘할 수도 있다. 연극에서의 사실성이란 정교한 무대장치와 의상 그리고 배우들의 사실적인 연기에서만 작동되지 않는다. 고대 그리스와 중세, 엘리자베스 시대의 연극처럼, 세련되지 못한 무대 장치술을 통해서도 인간의 욕망을 사실적으로 보여줄 수 있다. 어쩌면 '이것은 연극이다'를 관객에게 의도적으로 환기시키더라도 사실성이 유지되는 예술인 것이다.

현대연극에서, 사실성의 극적 환영은 단지 연기의 형태와 사건, 그리고 성격뿐만 아니라 일상생활의 세세함까지 포함할 정도로 발전하였다. 안톤 체홉Anton Chekhov의 <벚꽃 동산>(*The Cherry Orchard*)에서 우리는 감상적인 과거의 기억을 고집하면서 세상의 변화를 외면하는 인물들을 목격하게 된다. 오랫동안 누렸던 귀족적 삶에 도취되어 현재의 시간에 발을 붙이지 못하는 공허한 존재들이 관객에게 어떤 감정을 줄 것인가. 특히 동시대의 극작가들은 우리가 사는 세상과 아주 흡사한 사실성을 재창조하기 위해 노력을 하기도 한다. 한국 연극계의 경우에도 대부분의 작품들은 우리가 사용하는 말하기 방식으로 대화가 구성된다. 극작가 고연옥의 <인류최초의 키스> 혹은 <나는 형제다>에서 사용되는 대사는 어느 곳에서라도 들을 수 있는 일상어이다. 박근형의 <청춘예찬>, <경숙이 경숙이 아버지> 외에 거의 모든 작품에서 사용되는 상스러운 말들이 무대 위에선 의미 있는 대사가 된다는 것을 확인시켜준다. 입담이 좋은 장우재의 작품도 마찬가지이다. <여기가 집이다>, <환도열차>, <햇빛샤워>에서 사용하는 쌍시옷의 단어들과 문장은 현실보다 더 실제처럼 관객의 감정을 동요시킨다. 작가 겸 연출가 고선웅의 작품에서 보여주는 몰아치는 화법이나 과장된 음폭 등 키치적인 말하기 방식이어도 관객들은 일상어보다 더 큰 울림을 받는다. 실제의 환영을 불러일으키는 이러한 장치는 음성언어뿐만 아니라 무대장치와 또 다른 연극 요소 안에서 사실성을 재창조하려는 목적을 달성한다. 하지만 사실성의 환상은 결코 현실을 복사하듯 보여주면서 얻어지는 것이 아니라 배우와 관객 간의 '믿음'에 의해 이뤄진다. 연극에서 환영을 일으키는 것은 '신념'이나 '확신'의 belief가 아니라 faith라는 '믿음'이어야 한다. 이성보다는 감성에 가까운 믿음이 무대의 환영을 일으키기 때문이다. 연극의 환영이란, 무대 위의 사실적인 시청각 요소가 아니라 심리적이고 정서적으로 합당할 때 일어나는 사실성의 반응이다. 연극은 실제처럼 실연된 허구의 세계, 즉 환영을 통해 현실의 참과 거짓을 탐구하도록 제안하는 인간 활동인 것이다.

질문에 관한 또 다른 질문 |

● '환영illusion의 창조'와 관련하여 연극과 영화의 표현 방식을 구분할 수 있는가?

| 2부 |

연극의 역사와 특성에 관한 질문

쥬르댕 : 이게 여자의 고집이라는 것이지. 말 좀 듣기로서니 무엇이 나쁘단 말인가.
꼬비엘 : 들어보고 난 뒤에 마음대로 하셔도 됩니다.
부 인 : 그래, 무슨 말이죠?
꼬비엘 : (부인에게) 부인에게 한 시간 전부터 계속 신호를 보냈지요. 이 연극은 남편의 환상을 만족시키기 위해서 하는 일이라는 것을 모르세요? 변장을 해서 그 분을 속이고 있는 것이라고요. 그 터키 왕자가 바로 끄레앙뜨입니다.
부 인 : 그래요?
꼬비엘 : 그리고 제가 바로 꼬비엘, 통역관입니다. 그냥 모른 척하고 계세요.
부 인 : 알겠어. (쥬르댕에게) 저도 이 결혼을 찬성하겠습니다.
쥬르댕 : 아, 이제야 모든 경위를 아는군. 당신은 그의 말을 듣지 않으려 했지만, 그가 터키 왕자가 어떤 분인가를 잘 설명해주었으리라 믿어요.

—몰리에르 <서민귀족> 중 제5막에서

| 06 |

연극은 어떻게 시작되고 발전했는가?

인간은 왜 연극을 시작했을까? 그리고 인간은 언제부터 연극행위를 즐기기 시작했을까? 연극의 기원과 발전과정, 그리고 이러한 연극예술이 인류에 끼친 영향을 찾아본다는 것은 그리 쉬운 작업은 아니다. 이러한 물음은 사실 연극의 정의와 존재 이유를 살펴보는 또 다른 방식이기 때문이다. 다만 여러 제약과 훼방, 금지가 있었음에도 불구하고 수세기에 걸쳐 연극이 지속되어 왔다는 역사적 기록으로 연극예술의 무게를 대략 측정할 수 있음직하다. 어쩌면 지금까지 연극이 존재한다는 것은 인류에게 긍정적이고 유익한 예술임을 강하게 입증하는 근거임에는 분명해 보인다. 즐거움을 추구하는 오락 이상의 예술은 연극 이외에 찾기가 쉽지 않은 까닭이다. 연극은 인간의 기본을 지키고 사회 집단의 믿음을 공개적으로 결속시켜주는 유일한 인간 행위라고도 말할 수 있겠다. 이와 같이 개인적 이익과 사회적 기능을 공유하는 연극의 기원을 제의활동에서 찾으려는 것은 자연스러운 태도일 것이다. 인간은 외부세계를 통해 자신의 정체성을 추구하면서 존재가치를 느끼고자 한다. 따라서 연극은 어느 정도의 범위 안에서 제의적 기능을 공유하고 있다. 어떤 사람들은 자신이 소속된 집단이나 조직이 추구하는 것을 연극적 방식에 의한 '제례ritual' 혹은 '의식적 재현儀式的 再現'이라고 생각할 수 있다. 예를 들면, 자신의 목표를 성취하지 못하는 비극의 주인공들은 인간이 가진 가능성의 한계를 보여주는 모델이라 할 수 있다. 반면에 희극의 인물들은 우리의 인생이 살만한 가치가 있음을 환기시켜줄 수도 있다. 이처럼 연극은 인생의 가치와 믿음에 대한 제의적 재연이자 사회적 경험이라고 말할 수 있다.

오늘날 우리가 제작하고 감상하는 형태의 연극이 어떻게 발전되었는지에 대한 구체적인 증거는 분명하지 않다. 대략 기원전 4세기의 고대 아테네에서 거행된 디오니소스 신을 찬양하는 제의행사에서 비극과 희극이 출현하였다는 기록이 있을 뿐이다. 인간 존재의 근원적 문제를 다루기 위해 치밀하게 구축된 '드라마'를 바탕으로 진행된 아테네의 야외 원형극장이 오늘날의 연극을 태동시킨 인큐베이터라고 말할 수 있겠다. 어떤 연극 학자들은 아리스토텔레스의 『시학』을 근거로 '모방설'을 내세우기도 한다. 인간은 본성적으로 모방을 통해 경험을 확장하며 그 자체에서 기쁨을 느끼는 존재라는 점을 강조한다. 어떤 이들은 예술의 형식과 극적 표현의 방식을 탄생시킨 것은 개별적인 예술가들이라고 주장하기도 한다. 예술가의 의지에 의해 연극이 창조적으로 발전되었다는 것이다. 그 외에도 생산적 놀이형태가 진화되었다거나, 생존을 위한 방편으로 연극적 행위가 생겨났다는 이론들도 있다.[8]

연극의 발전에 결정적으로 기여한 시기는 16세기로 실내 극장의 출현 때문이었다. 연극 공연이 실내에서 진행되면서 장면 표현의 기술이 발전하는 계기를 맞이하게 된 것이다. 문예부흥기에 등장한 여러 화가와 극작가와 건축가들은 원근법 무대장치를 선보였으며, 인쇄술의 발달로 희곡을 보관할 수 있게 되었다. 이 시기에 소개된 프로시니엄 아치의 극장은 관객의 시야를 제한하여 주의를 집중시키도록 해주었다. 동시에 효과적인 원근법은 관객의 시적 감각을 확장시켜주었다. 점차 스펙터클한 장면을 무대 위에서 전환하기 위한 기계설비가 필요해졌으며 그에 따라 극장의 공간을 재편성할 수밖에 없었다. 17세기에는 이탈리아에서 소개된 전환 장치 '채리엇 앤 폴 시스템chariot-and-pole system'이 유럽 전역의 여러 극장에 보급되었다. 장치의 이동을 위해 무대 바닥에 레일과 비슷한 장치를 했는데 그루브 시스템groove system이라고 불렀다. 좀 더 정교해진 장면전환 장치가 소개되면서 무대표현술도 정교해지기 시작했다. 또한 객석의 표준적인 특징을 갖게 된 때도 이 시기였다. 피트석, 박스석, 갤러리석으로 구성된

반원형 형태의 객석 공간이 구축된 것이다.

18세기 동안 유럽 문화는 대립과 모순이 어지럽게 나열된 느낌을 준다. 이 시대는 흔히 철학자들에게는 계몽운동의 시기로 인식되었으며 또 사회의 진보에 대한 긍정적인 생각들이 팽배했던 시기였다. 독일의 철학자 고트프리드 레이브니츠Gottfried Leibniz는 '모든 것이 실현가능한 최고의 세상에서 무엇이든지 최상을 추구한다'고 열광적으로 선언하였다. 동시에 절대 권력을 가진 군주들이 유럽의 여러 국가를 통치하고 있었다. 노예산업이 번창을 하고 강력한 검열제도가 위대한 많은 예술가들의 창작성을 묶고 있었다. 특권 귀족층들은 사교 모임을 하면서 시간을 낭비하고 예술가들은 자기 검열로 예술적 재능을 묶어 버렸다. 의도하지 않았다할지라도 삼일치의 법칙으로 연극의 표현방식이 제한된 시기였다. 물론 몰리에르의 경우는 규정된 음률 대신에 산문체의 대사를 시도하기도 했다. 그는 현실의 대화처럼 무대 위에서 배우들의 화법을 시도한 연극인이랄 수 있다. 계몽운동과 연극계의 관계를 연결한 대표적인 인물로는 독일의 사상가 괴테 Johann Wolfgang von Goethe였다. 그는 색채 이론에 박식한 과학자였으며 베토벤의 작곡에도 영향을 끼쳤다. 또한 독일 문학을 대표한 그는 한편으로 희곡을 집필하고 공연을 제작하면서 마치 현대의 연출가처럼 활동을 했다. 프랑스의 또 다른 사상가 드니 디드로Denis Diderot, 1713~1784는 『배우에 관한 역설』을 발간하고, '제4의 벽'이라는 개념을 소개하여 객석을 향해 전면 연기만 하던 배우들의 기존 관행을 비판

하였다. 이러한 위대한 예술가이자 철학자들이 형성한 연극의 관습은 오늘날까지 영향을 주고 있다. 19세기와 20세기에 접어들면서 연출가라는 새로운 무대 예술가들이 등장을 했다. 19세기 말에 유럽을 순회하면서 연출가의 작업을 알린 사람은 독일 작스-마이닝겐Saxe Meiningen의 공작이었던 게오르그 2세Georg II, 1826~1914였다. 그의 활동은 유럽 연극의 혁신에 기여했다. 종합적 요소를 사용하는 연극에서 앙상블이 중요하다는 것을 깨달은 이들에 의해 무대언어에 대한 정교한 표현이 발전을 했다. 잦은 화재의 원인이었던 가스등이 사라지고 전기조명이 극장에서 설치되면서 무대표현 방식이 획기적인 변화를 맞이하기 시작했으며, 과학기술의 발전은 사실주의 연극의 태동에도 기여를 했다.

질문에 관한 또 다른 질문 |

● 50년 이후의 미래 연극은 어떤 표현 방식 혹은 무대기술을 사용할 것인가?

| 07 |

연극의 장르는 어떻게 구분하는가?

모든 예술은 고유하면서도 독특한 표현양식을 가지고 있다. 독특한 양식이란 작품의 시대, 목적, 극적 분위기, 이야기 전개, 표현방식, 소재, 공연장소, 혹은 사상 등에 따라 구분할 수 있을 것이다. 그러한 독특한 양식은 통상적으로 어떤 관습을 가지고 있다. 연극은 시청각적 재료를 종합하여 서사적 내용을 전달하는 특성의 예술인 탓에 표현양식이 다양하고 그에 따라 여러 장르가 있다. 비극과 희극은 다음 장에서 다루고 있으니, 여기서는 센티멘털드라마sentimental drama, 멜로드라마melodrama, 소극farce, 풍습희극comedy of manners, 풍자극satire, 패러디parody, 부조리연극theatre of the absurd, 뮤지컬코미디musical comedy,

소셜드라마social drama를 살펴보기로 하자.

센티멘털드라마 | 17세기에서 18세기 사이에 영국에서 유행했던 연극의 일종으로, 오늘날의 연속극과 비슷하다. 중산층 관객을 대상으로 폭발적인 인기를 끌었던 감상희극sentimental comedy도 센티멘털드라마에 속한다. 감상희극은 시트콤처럼 가볍고 일상에서 벌어지는 웃긴 에피소드를 소재로 다루는 연극이다. 플롯과 등장인물이 강조되는 편이다. 반면에 센티멘털드라마는 다소 진지한 소재를 다룬다. 일종의 권선징악을 다룬 이야기를 주로 소재로 삼았으며 당시에 알려진 유형의 인물들을 등장시켰다. 그런 점에서 풍습희극과도 유사한 점이 많다. 이러한 연극들은 관객의 감정을 쥐어짜기도 하고 그러한 결과에 의해 관객이 눈물을 흘리게 만들기도 했다. 작품의 주제를 강조하기보다는 사건의 짜임새와 극 중 인물의 성격에 초점을 맞추는 편이다. 따라서 관객들로 하여금 극 중 인물에 대한 연민과 동정의 감정이 일어나도록 연출되는 양식이다.

멜로드라마 | 18세기 후반에 프랑스에서 대중의 인기를 얻은 연극의 장르이다. 멜로드라마는 연극의 분위기를 고조시키기 위해 배경음악을 정교하게 활용한 데서 양식의 용어가 유래되었다. 시간이 흐르면서 등장인물이나 작품의 주제보다 견고한 플롯에 의해 선악의 대결을 다루는 도덕적인 교훈의 이야기를 보여주고자 했다. 등장인물들은 영웅과 악당처럼 다소 이분법적으로 구분되며, 성격묘사는 관객이 쉽게 이해할 수 있을 정도의 전형성을 보여주는 편이다. 관객의 감

정을 자극하기 위해 추격전이나 절체절명의 위기 상황의 장면이 종종 등장한다. 멜로드라마의 전반적인 분위기는 마치 공포극과 추리극 성격의 연극들처럼 보이기도 한다.

소극 | 가벼운 코미디의 일종이다. 배우의 몸동작이나 외설적인 대사로 관객의 웃음을 유도하는 편이다. 개그콘서트 버전의 연극 작품이라 해도 될 듯하다. 인간이 가지고 있는 보편적인 결점을 코믹하게 보여주는 양식이다.

풍습희극 | 소극과 달리 생각을 요구하는 코미디라고 말할 수 있다. 등장인물의 위트를 이해하기 위해선 당대의 풍습이나 관습을 알아야 할지도 모른다. 풍습희극의 유래는 원래 영국의 왕정복고기로 거슬러간다. 17세기와 18세기에 유행을 한 희극 양식으로 당대의 상류계급을 대상으로 다뤘기 때문에 장치, 의상, 소품 등이 화려하게 묘사되었다. 현대 연극에서 풍습희극으로 포함될 수 있는 작품으로는 1895년에 초연된 오스카 와일더의 <진지함의 중요성>(*The Importance of Being Earnest*)을 들 수 있다.

풍자극 | 사회 관습이나 대중들이 즐기는 유행 혹은 특정 인물 등을 날카롭게 희화화하는 방식(이걸 우리는 '풍자한다'고 말한다)으로 전개되는 연극이다. 아리스토파네스의 작품들을 풍자극으로 분류할 수 있으며, 몰리에르의 작품도 당대의 관습이나 태도를 웃음과 해학으로 풍자했다고 말할 수 있다. 우리나라의 경우도 풍자극이 적지 않은데, 2013년에 공연된 박근형 연출가의 <개구리>가 이에 해

당된다. 주로 상류층, 권력자, 잘못된 관례 등이 풍자의 대상이 되며 풍자극은 결과적으로 존재의 변화와 전복을 요구하는 경향이 있기 때문에 대상에게는 가혹할 수도 있다.

패러디 | 넓게는 일종의 풍자극의 부류로 구분할 수 있다. 패러디는 기존의 특정한 노래, 연극, 영화 혹은 실존 인물이나 실제 상황을 모방하거나 유사하게 묘사하는 양식이다. 패러디의 특징은 이러한 모방과 묘사에 있어서 우스꽝스러운 방식이나 주제의 핵심을 뒤틀거나 희화화하는 재창조의 과정으로 제작된다.

부조리연극 | 웬만한 사람이라면 들어봤을 <고도를 기다리며>가 이런 연극의 대표작이다. 대표적인 부조리 연극의 작가는 사무엘 베케트Samuel Beckett이다. 베케트만큼 알려진 또 다른 부조리 극작가는 외젠느 이오네스코Eugene Ionesco이며, 작품들은 <대머리 여가수>, <코뿔소>, <의자들>을 꼽을 수 있다. 모두 부조리한 인물과 세계를 다루고 있다. 실존주의 철학에서 영향을 받은 부조리 작가들은 인간의 무능함과 세계의 질서 없음에 대하여 많은 고민을 했다. 어쩌면 세상의 질서가 없는 게 아니라 세상과 삶 모두가 온통 부조리하게 느꼈을지 모르겠다. 그런 탓에 일상에서 벌어지는 상황을 논리적으로 묘사할 수 없다는 결론을 부조리 연극에 투영시켰다. 부조리 작품의 구조에 반영된 이러한 사상은, 한 극 중 인물이 '들어가자'고 말하면서 그냥 제자리에 서 있는 장면으로 묘사된다. 이처럼 부조리 연극은 말 그대로 조리가 없으며 전통적인 드라마의 전개 구조를 취하

지 않는다.

소셜드라마 | 성격적으로 풍자극과 유사하나 좀 더 진지하게 접근하는 태도를 취하는 연극의 양식이다. 사회의 문제점을 분석하여 드라마 형식으로 되짚어보기 때문에 관객의 적극적인 반응을 일으킬 개연성이 높은 연극이 될 수 있다. 학생 폭력이나 직장 내 성희롱 문제뿐만 아니라 사회 전반의 이슈를 다루면서 부동한 태도, 규정, 법률 등을 바꾸거나 개선하려는 목적으로 공연되는 경향이 있다.

뮤지컬코미디 | 오페레타와 코미디 양식이 혼합된 형식으로 상업적이고 오락적인 분위기를 강조하는 양식이다. 노래와 춤과 익살적인 대사가 섞인 방식으로 낙관적인 주인공과 그들의 행복한 결말을 즐겁게 보여준다. 미국의 1930년대에서 1950년대 사이에서 발표된 대부분의 뮤지컬 작품들, <오클라호마>와 <회전목마> 등이 이러한 유형에 속한다. 희극적 요소가 줄어들고 연극성이 강조되면서 뮤지컬코미디는 뮤지컬플레이musical play라고 불렸다. <미스 사이공>, <선셋 블로바드>, <오페라의 유령> 등의 뮤지컬이 대중의 인기를 얻으면서 공연성의 비중이 높아지자 지금은 뮤지컬씨어터musical theatre가 공식적인 명칭이 되었다. 2000년대 이후 공연 장르의 구분을 하는데 있어서 크게 의미를 두지 않는 분위기도 생겨나고 있다. 이미 1992년에 미국 로스앤젤레스에서 창단된 '디아볼로Diavolo'처럼 융복합 예술단체들은 해마다 증가하고 있다. 예술의 영역 간 구분이 빠르게 모호해지고 있는 셈이다. 연극 같기도 하고 무용처럼 느껴지지만 미

술 장르이기도 한 예술작업들이 많아질 것이다. 무슨 장르인지를 굳이 물어볼 필요가 없는 시대가 도래하는 듯하다.

질문에 관한 또 다른 질문 I

- 미래에 나타날 새로운 연극의 장르가 있다면 무엇일까?

- 개인적으로 흥미를 느끼는 연극의 장르는 무엇이며 그 이유는?

| 08 |

비극과 희극의 특성은 어떻게 다른가?

고대 그리스 비극과 셰익스피어의 작품은 아리스토텔레스가 주장했던 플롯의 구성을 잘 보여준다. 아리스토텔레스는 비극의 전개가 치밀하게 구성되어야 한다고 믿었다. 우리가 흔히 고전이라고 부르는 비극작품들에서 이야기를 전개하는 주요한 역할은 주로 '운명'이거나 '예상치 못한' 일이거나 사건들이 대부분이다. 이러한 운명과 예상할 수 없는 일들은 '신神'과 관련되어 있는 것처럼 묘사된다. 마치 신의 장난 혹은 운명의 장난이라 말하듯이 인간의 의지와 상관없이 일어나는 것처럼 보인다. 하지만 자세히 들여다보면 그러한 것은 개인의 아주 사소한 생각이나 욕구, 욕망 등에서 발생하는 경우가 많다.

그와 같은 욕망이나 번뇌, 망상, 혹은 욕구로부터 갈등이 생겨나고 그러한 갈등이 첨예해지면서 사건을 발생시킨다. 하지만, 좋은 비극작품이 되기 위해선 어떤 숭고한 인물을 탐색하고 묘사하는 것에서 출발되어야만 한다. 이러한 주장은 아리스토텔레스에 의해 구축되어졌다. 프로타고니스트protagonist라고 명명된 주인공들은 고유의 성격을 가지고 있는데, 이들의 강점과 약점에 따라 비극이 되거나 희극으로 나누어진다. '사랑의 신'과 '심판의 신'으로 나눠진 절대적 존재가 어떤 손을 추켜올리는 가에 따라 희극의 주인공이 되거나 비극의 프로타고니스트가 되는 것이다. 염원이나 갈망이 성취되지 못하면 고통과 비탄에 빠지고 결국 주인공은 죽음을 맞이하게 된다. 비극의 프로타고니스트들에게 주어지는 통념적인 결말이다. 반면에 주인공의 상황이 비관적일지라도 결과적으로 행복하게 결말을 맺으면 희극이 될 수도 있다. 가령 장례식으로 끝나면 비극이고 결혼식으로 마무리되면 희극일 수 있다. 그러나 비극과 희극을 이분법적인 방법으로 단순하게 나누기에는 인간의 삶은 생각보다 복잡하다. 주인공의 죽음과 혼인이 비극과 희극을 가늠하는 조건이긴 하나 절대 기준이 될 수는 없다. 극중 인물의 죽음을 통해 갈망했던 일들이 성취되기도 하니까 말이다. 그런 관점에서 <리어왕>(*King Lear*)과 <로미오와 줄리엣>(*Romeo and Juliet*)은 '온전한' 비극 작품으로 분류되기가 망설여질 수 있다.

리어왕은 첫 등장에서부터 고집불통과 통찰력이 빈곤한 비극의 주인공임을 알게 해준다. 자신이 가장 아끼던 셋째 딸 코딜리어를 추방시켜버린 리어왕은 결말에서 자신을 위해 희생한 효녀와 화해를 시도한다. 비극의 주인공은 자신의 잘못을 인식하고 뒤이어 일어나는 반전과 함께 고통이라는 파토스를 경험하게 된다. 예를 들어 <오이디푸스 왕>(*Oedipus Rex*)에서 라이우스 살해범의 정체가 다른 사람이 아니라 바로 오이디푸스 자신이었음을 알게 될 때에 반전이 일어난다. 고전 비극의 대부분이 이런 방식으로 비장미를 일으킨다. 그래서 절통하게 외치는 비극의 주인공 리어왕으로부터 비극성을 경험하지만, 화해의 장면은 애절하나 비장미를 추가로 강화시켜주진 않는다. 로미오와 줄리엣은 서로의 사랑을 죽음으로 확인하는 작품이다. 연인의 죽음까지는 비극이지만, 그 뒤에 펼쳐지는 결말은 다소 해피엔딩이다. 철천지원수의 두 집안 어른들은 서로의 손을 잡으면서 당부한다. "사돈 양반, 우리 아이들의 조각상을 세워 널리 기립시다." 젊은 연인은 세상을 떠났으나 비극의 근본적인 원인이 해결되었으니 이 작품에서도 비극성이 약화될 수밖에 없다. 사실, 인간 세계에서 비극과 희극을 딱 잘라 구분하기란 쉽지 않을 수 있다. 그런 탓인지 모르지만, 아리스토텔레스는 『시학』에서 '성격묘사 없는 비극이란 가능하지만, 행동 없이는 비극이 존재하지 못할 것'이라고 기술했다. 아리스토텔레스는 이러한 점에 관해서 어떤 뚜렷한 확신이 없었던 것일까.

우리가 생각하는 고전 비극의 주인공들을 떠올려보면 오이디푸스, 아가멤논, 프로메테우스, 햄릿, 맥베스, 리어왕, 줄리어스 시이저 등의 인물일 것이다. 모두가 자신들이 시도한 행동의 과오로 비극의 인물이 된 공통점을 가지고 있다. 하지만 현대 비극에서는 고전 비극에 등장하는 인물들과는 차이가 있다. 성격과 죄악, 잘못, 죽음과 운명에 대한 현대적 개념들이 고전 작품이 쓰이던 때와는 상당히 달라졌기 때문일 것이다. 운명에 어쩔 수 없었던 과거와 달리 인생의 문제를 해결할 수 있는 의지가 높아지면서 현대 비극의 매력이 쇠약해진 게 당연할 수밖에 없다. 한편으로는 고전 시대의 열린 극장과 달리 현대 프로시니엄 무대의 닫힌 구조로 인해 비극성을 이끌어 내기가 어려워진 이유도 있다. 오늘날에는 아주 비극적일 정도로 숭고한 인물들이 나타날 수 없기에 현대 비극의 존재가 가능하지 못하다는 주장도 타당할 수 있다. 어쩌면 현대 비극의 근본적인 문제는 21세기 관객들의 성향 때문일 수 있다. 인간의 운명과 양심과 영혼에 관한 이야기가 사유의 힘을 상실한 현대인에게 얼마나 큰 반향을 일으킬 수 있겠는가. 그런 관점에서 보자면, 아서 밀러의 <세일즈맨의 죽음>은 현대의 한 소시민으로부터 비극성을 건져 올린 작품이다. 이 작품은 평범한 사람도 비극적일 수 있음을 우리에게 보여준다. 누군가는 현대 비극이 존재할 수 없다고 단언했지만, 자신의 존엄성을 지키기 위해 죽음을 맞이한 우리의 이웃 아저씨 윌리 로만은 현대에도 강렬한 비극의 인물이 탄생할 수 있음을 증명해주었다. 인간은 밥만 먹고 생명을 유지할 수 없는 존재이다. 존엄성은 인간을 인간이게 해주는 핵심이다. 만약에 아리스토텔레스가 오늘날의 비극을 분석했다면, 그는 어쩌면 비극적 주인공의 성격에 관한 주장을 어느 정도 수정했을지도 모르겠다.

희극으로 알려진 코미디는 웃음과 관련을 맺고 있다. 그렇다고 웃기려는 것만이 희극의 목적은 아니다. 웃음은 실제로는 양날의 검처럼 사용된다. 누군가에는 즐거움이지만, 웃음거리의 대상에게는 조롱이 되기 때문이다. 아리스토텔레스는 인간을 실제보다 형편없는 존재로 만드는 게 희극이라고 했다. 이러한 이중의 성격을 가진 희극은 음주와 향연을 주관하는 코머스Comus 신에서 유래되었다. 초기에는 외설적이고 천박한 내용으로 웃음을 만들었지만, 시대가 달라지면서 점차 사회의 관습이나 도덕적 규범을 개선하기 위한 방편으로 희극이 사용되었다. 개인이나 집단의 문제를 웃음과 조롱으로 풀어가면서 새로운 차원의 세계로 관객을 이끄는 장르가 희극이다. 이러한 희극에서는 종종 전형적인 인물을 등장시켜 인간의 행동이나 사회적 문제를 지적하고 폭로하는 데 사용된다. 웃음은 일종의 개인과 집단을 개선하고 변혁시키는 도구이자 무기인 것이다. 희극이 궁극적으로 우리에게 주려는 것은 깨달음과 같은 교훈이다. 자신의 생각과 행동이 조롱거리가 된다면, 그것이 희극 작품에서 묘사된다면 어떤 누구라도 자신의 태도와 방식을 바꾸려고 할 것이다. 희극의 전형성은 주로 세대 차이를 통해 기성세대에 대한 풍자를 묘사할 때에 나타난다. 이러한 구조가 확장이 될 때에 기성세대는 또 다른 상류층이거나 권력을 가진 개인이나 집단의 부류로 풍자되기도 한다. 독재국가에서 코미디가 발달할 수 없는 이유이다.

현대 사회에서 희극은 웃음을 유발하거나 해피엔딩으로 끝나는 단순한 방식으로 구분하기에는 모호해졌다. 비극의 변화처럼 희극 또한 현대인들의 시니컬한 태도와 변덕스러운 감정에 의해 희비극적 성향의 작품들이 많아졌다. 희비극은 단순하게 희극적으로 전개되다가 비극적 결말로 이뤄진 작품이 아니다. 반대로 비극적인 상황에서 시작하여 행복하게 결말을 맞이할지라도 희비극으로 단정하지 않는다. 안톤 체홉의 작품들은 희비극의 모델이랄 수 있다. 그의 작품에는 웃음과 슬픔의 코드가 적절하게 버무려져 있기 때문이다. 이것은 희극도 아니고 비극도 아닌 새로운 차원으로 이해되어야 할 것이다. 이러한 희비극의 양식은 아리스토텔레스가 분석하지 않았기 때문에 뒤늦게 알려졌다는 주장도 있다. 하지만 낯선 희비극이 현대에 등장하게 된 배경에는 20세기의 문턱을 넘으면서 달라진 세계관과 관계하고 있다. 돌이켜보면 비극과 희극의 구분이 그런대로 가늠할 수 있었던 19세기 이전의 세계와 달리 20세기 이후의 인간은 행동과 생각의 체계에서 많은 변화를 경험했다. 비극성이 쇠락하고 웃음의 공격성이 분산되면서 현대인의 행동에 초점을 맞춘 양식의 출현이 요구되었다. 이런 시기에 등장한 <고도를 기다리며>는 사무엘 베케트 스스로가 희비극으로 분류를 했다. 희비극은 확실히 달라진 시대의 산물처럼 느껴진다. 이처럼 희극과 비극의 정서를 절충한 혼합 형태의 연극이 앞으로도 계속 증가할 것이라고 예상된다.

질문에 관한 또 다른 질문 |

- 현대 사회에서 희비극 작품이 많아지는 이유를 구체적으로 설명할 수 있을까?

- 여러분이 알고 있는 비극작품과 희극작품은 무엇인가?

| 09 |

사실주의극과 서사극은 무엇이 다른가?

연극에서 사실주의의 등장은 '실제와 같은 환영illusion of reality'을 창조하려던 19세기의 연극인들에 의해 본격적으로 시도되었다. 초기 사실주의 극은 무대장치, 소품, 의상과 배우의 연기를 그대로의 현실세계처럼 보여주고자 했다. 마치 실제 집의 한쪽 벽을 떼어내 들여다보는 착각을 주었다. 그런 탓에 관객은 자신들이 극장에 있다는 것을 잊어버릴 정도였다. 떼어낸 벽은 물리적으로 없는 것이지만 심상적으로는 존재하는 것으로, 이를 가정하는 관습을 '제4의 벽fourth wall'이라 불렀다. 사실주의 극작가들은 등장인물과 내용에서 진부한 표현을 없애려고 노력했다. 이러한 유형의 작품에 등장하는 인물들은 복잡하고, 예상할 수 없으며, 이해할 수 없는 존재로 보일 정도였다. 아리스토텔레스는 예술을 삶의 모방이라 말하고 셰익스피어는 세상을 비추는 거울이라고 표현했다. 연극의 교조敎條와 같은 그들의 말을 좇아서 사실주의자들은 삶의 모습을 거울에 되비치는 것처럼 작품을 만들기를 원했다. 물론 이러한 생각은 머지않아 실제의 삶을 무대 위에 올려놓을 수 없다는 것을 깨닫게 되면서, 사실주의에 매진했던 사람들은 소재를 선별할 수밖에 없었다. 사실주의의 핵심 목적은 주변 환경에 의해 영향 받는 인간을 묘사하는 데 있다. 사실주의는 시간의 흐름에 따라 본래의 목적이 희석되고 표현 관행이 변하면서 점진적인 혁신을 외면할 수 없게 되었다.

사실주의는 19세기에 등장한 자연주의 이상으로부터 자극을 받았다. 세계의 현상을 과학적이고 체계적으로 관찰하려는 연극인들의 태도는 에밀 졸라Emile Zola의 <테레스 라캥>(*Theres Raquin*)으로 나타났다. 사회와 인간을 객관적으로 관찰하기를 바라는 자연주의 추종자들이 경도된 용어는 '진화', '자연도태', '적자생존' 등이었다. 19세기의 유럽 대륙을 시끄럽게 만들었던 유물론은 당시의 예술가들이 추구했던 무대 표현에도 영향을 끼쳤다. 인간의 욕망과 탐욕, 굶주림, 성적 갈망性的 渴望, 증오와 파괴 등에 관한 관심으로 확장되면서 자연주의 연극의 단골메뉴가 되었다. 자연주의자들의 주요한 일은 인간에게 내재된 동물적 본능을 무대 위에 꺼내놓는 것이었다. 게하르트 하우프트만Gerhart Hauptman의 <직조공들>(*The Weavers*)과 막심 고리키

Maxim Gorki의 <밑바닥에서>(*The Lower Depths*)는 널리 알려진 대표적인 자연주의 작품들이다. 자연주의자들은 엄격한 형식을 유지하려고 애를 썼으나, 사실주의 방식은 나름의 유연성을 취하면서 대중의 관심을 받았다. 사실주의 양식의 발전에 기여한 대표적인 연극인은 프랑스의 극작가 유진 스크라이브Eugene Scribe와 노르웨이의 극작가 헨릭 입센Henrik Ibsen을 꼽을 수 있다. 스크라이브는 사건의 인과관계를 체계적으로 구축하여 이야기를 전개하는 '잘 만들어진 극Well-made play'을 시도했다. 외부의 조건이 개인의 내부에 끼치는 심리상태를 정교하게 묘사하여 관객에게 관극의 즐거움을 주었다. 헨릭 입센의 3막극 <인형의 집>(*A Doll's House*)은 사실주의 연극의 전형을 보여주는 작품처럼 알려졌다. 사실주의 연극인들은 관객이 동의할 수 있는 범위 내에서 사회의 문제와 인간의 윤리 등에 관한 내용을 보여주고자 했다. 우리를 둘러싼 사회의 모습을 객관적으로 관찰하려는 양식의 본성은 궁극적으로 등장인물의 부패와 위선을 폭로하면서 동시에 인습의 허위를 고발하고 진실을 추구하려는 경향을 보여주었다.

서사극은 독일의 극작가이자 연출가 베르톨트 브레히트Bertolt Brecht와 매우 밀접한 관계를 맺고 있는 연극 양식이다. 서사극은 극 중 인물의 외부 환경과 내부 심리를 객관적이고 비판적으로 관찰하도록 유도하는 표현 방식을 사용한다. 사실주의 연극이 몰입과 감정이입을 통해 세계와 개인의 문제를 공유하게 했다면, 서사극은 관객이 극 중에 몰입되는 것을 방해하기 위해 생소화生疏化를 강조하면서 일종의 '거리두기'[9]라는 방식으로 무대미학의 성취를 시도했다. 동일한 공연감상임에도 서사극은 사실주의 연극과 전혀 다른 차원의 관극태도를 요구한다. 이에 따라서 서사극의 연출방식은 관객으로 하여금 무대로의 심리적 개입을 방지하기 위해 공연 사이에 노래와 해설과 가면과 같은 소도구를 사용한다. 종종 필름을 사용하여 영상을 투사하거나 표지판을 사용하여 장소와 시간 정보를 관객에게 제시하는 방식을 사용하였다. 이와 같은 브레히트의 표현 방식은 1960년대를 전후하여 미국의 리빙씨어터Living Theater와 프랑스의 아리안느 므누슈킨Ariane Mnouchkine, 영국의 피터 브룩 등 세계의 연극인들에게도 영향을 끼쳤다. 우리나라의 경우는 1970년대 대학가에서 유행했던 마당극의 태동에 기여를 했다. 브레히트의 표현 방식과 우리의 전통 가면극과 민속극 양식이 혼합된 마당극은 주로 운동장과 같은 넓은 야외 공간에서 집단화된 관객을 대상으로 당대의 정치, 사회적 문제점을 드러내는 공연으로 인기를 끌었다. 관객의 몰입을 차단하고 관찰자 시점에서 냉철하게 사회와 개인의 문제점을 폭로한다는 점에서 서사극은 종종 목적극의 태도를 취하게 된다. 서사극은 무대표현에 대한 예술적 완성도에 기여하기보다 중심사상을 전파하기 위한 전략으로 사용되는 무대 양식처럼 알려진 이유일 것이다.

질문에 관한 또 다른 질문 |

- 사실주의극과 서사극의 연기방식의 차이점은 무엇인가?

- 서사양식을 수용한 마당극 혹은 마당놀이의 특징을 설명할 수 있는가?

| 10 |
연극발전에 기여한 예술가들은 누구인가?

인간에 의해 생겨난 세상의 모든 분야는 어떤 누군가에 의해 비롯되고 발전된다. 예술의 진화에도 마찬가지이며, 연극의 경우도 예외가 될 수 없다. 연극의 발전에 기여한 예술가를 살펴보기 위해 선사시대까지 거슬러갈 이유는 굳이 없으나, 그래도 연극이 시작하게 된 배경을 상상하는 것은 필요할 듯하다. 구체적인 문헌자료가 없으니 예술이 태동하게 된 내용을 소개한 에른스트 곰브리치Ernst Hans Josef Gombrich의 『서양미술사』에 실린 서론을 임의적으로 짜깁기하여 연극의 태동을 가늠해보자. 곰브리치의 글은 "미술Art이라는 것은 사실상 존재하지 않는다"로 시작되는데, 여기서 '미술'이란 단어를 놀이 혹은 연극으로 대체하여 상상력을 덧칠하면 다음과 같은 문장이 될 것이다. '연극이라는 건 원래 존재하지 않았다. 다만 놀이하는 사람들이 있었을 뿐이다. 아득한 옛날에는 널려진 나무 작대기와 잎사귀 혹은 자연에서 얻을 수 있는 소도구로 들판이나 동굴 같은 공간에서 놀이를 하던 사람들이 연극인이었다. 그런데 오늘날의 연극인들은 얼굴에 분장을 하고 무대 위에서 웃음과 눈물을 짜내면서 타인의 행동을 흉내 낸다. 그들은 옛날처럼 그밖에도 많은 일을 하고 있다. 우리들이 연극이라고 부르는 말은 시대와 장소에 따라서 뜻이 다양했으며, 이런 단어가 원래 없었던 것이기에 흉내 내는 모든 것을 연극이라고 부를 수도 있다.'[10] 모든 예술은 이와 비슷하게 시작되었고 연극의 경우도 예외가 아니었다. 연극의 태동에 대한 상상은 이 정도에서 멈추고 연극발전에 기여한 예술가들이 누구인지 살펴보도록 하자. 널리 알려진 이들은 가급적 짧게 서술하고 덜 알려진 예술가에겐 문장을 보탰다.

앞의 글은 곰브리치가 쓴 서론의 앞줄에 해당되는 것으로, 어떤 예술 장르를 대입해도 비슷한 상황의 문장이 될 것이다. 원래 글이 궁금하다면 『서양미술사』의 15쪽을 펼쳐보기를 바란다. 왜, 누가 처음으로 연극을 시작했는지 구체적이지는 않지만, 아리스토텔레스의 『시학』이나 곰브리치의 서론처럼 오래전에 시작된 것은 의심의 여지가 없다. 연극사에서 무대의 표현기술이 비약적으로 발전한 때는 르네상스 시기이다. 이 시기로 훌쩍 뛰어 넘어가는 이유는 사실 실내 극장이 등장했기 때문이다. 야외 공간에서 연극이 펼쳐지던 시기에는 예술표현의 큰 비중이 극작가의 이야기 구축이나 대사를 전달하는 배우의 역량에 주어질 것이다. 중세시대의 경우에는 특수효과를 위한 시청각적 장치들이 발달하였으나 무대 표현기술이라기보다는 관객의 관심을 강화시키는 기능에 좀 더 치중된 경향을 보여준다. 따라서 실내 극장의 등장은 연극사에서 무대표현술의 발전을 기준 하는 조건이 될 수밖에 없다. 극장 건축가의 등장과 무대장치를 위한 기술자들이 나타났으며, 배우들의 연기술도 변화를 맞이할 수밖에 없었다.

르네상스 시대에 등장한 실내 극장 중에서 지금까지 남아 있는 건축물은 테아뜨로 올림피코Teatro Olimpico극장이다. 1585년에 개관된 이 극장은 안드레아 팔라디오Andrea Palladio, 1508~1580와 빈첸초 스카모찌Vincenzo Scamozzi, 1548~1616에 의해 디자인되었다. 대략 이 시기부터 극장 관계자들은 자연광선 대신에 인공조명의 사용을 고민하게 되었다. 게다가 무대배경의 표현에 대한 관심이 높아지면서 17세기에 이르면 마치 경쟁하듯이 화려한 배경 막들이 무대 위에 펼쳐졌다. 이와 같은 스펙터클한 배경장치의 대표적인 인물을 꼽으라면 아마도 이니고 존스Inigo Jones, 1573~1652와 지아코모 토렐리Giacomo Torelli, 1608~1678가 아닐까한다. 이들은 무대전환 장치를 개발하면서 당대의 무대 표현의 확장에 크게 기여를 했다. 이에 버금가는 역할을 한 가문이 있었는데, 바로 비비에나라는 성씨의 집안이었다. 지오바니 마리아 갈리 다 비비에나Giovanni Maria Galli da Bibiena, 1625~1665는 17세기에서 18세기에 걸쳐 극장 건축과 연극의 장치 디자인을 발전시키는 데 공헌을 한 예술가 가문이었다.[11] 후기 바로크 양식의 조각과 건축술을 사용하여 매우 화려하고 장식적인 스타일을 보여준 것으로 알려지고 있다. 아버지로부터 아들과 손자 그리고 증손자까지 극장 예술가로 활약한 비비에나 가문은 17세기 중후반에서 18세기까지 유럽의 많은 극장과 코트에서 공연된 오페라의 복잡한 무대장치를 채색하거나 디자인 했다. 이들이 작업한 극장의 배경장치는 남은 게 거의 없지만 그들의 채색화들을 통해 화려하고 웅장한 분위기를 엿볼 수 있다.

역사적으로 연극 발전에 기여한 사람들의 주류는 극작가들이다. 특히 르네상스 시기의 극작가들 중에서 꼽으라면 단연 영국의 윌리엄 셰익스피어William Shakespeare, 1564~1616이다. 스페인의 황금시대를 이끌었던 로페 데 베가Lope de Vega Carpio도 있다. 한 세기 이후의 프랑스에는 피에르 꼬르네이유Pierre Corneille, 1606~1684, 장 라신느Jean Racine, 1639~1699, 몰리에르Moliere, 1622~1673 등이 신고전주의 연극을 구축했다. 이 시기의 극작가에 관한 자료가 많으니 관심 있다면 관련 내용을 조사하면 어렵지 않게 찾을 수 있을 것이다. 경영과 기획의 측면에서 보자면, 연극발전에 공헌한 명단에서 필립 핸슬로우Phillip Henslowe, c. 1550~1616를 빼놓을 수가 없다. 그는 영국 엘리자베스 시대 공연계에서 활동한 흥행주이자 극장 운영자이며 전당포 주인으로서 당대의 유명 배우인 버비지Burbage만큼이나 연극발전에 공헌을 하였다. 장미극장The Rose을 소유했으며 나중에는 행운극장The Fortune까지 자신의 재산으로 만든 전문 경영인이었다. 핸슬로우가 운영했던 행운 극장은 셰익스피어의 지구극장과 치열한 흥행 경쟁을 하면서 당시의 대중연극 발전에 어쨌거나 기여했다. 1614년에 런던 테임즈강의 남쪽에 위치한 뱅크사이드Bankside에 희망극장The Hope을 세웠으며, 투견 사업 같은 사행성 오락장을 운영하면서 돈을 벌었다. 핸슬로우는 연극 상품권을 만들어 판매했으며 전속 배우와 극작가를 거느리기도 했다. 하지만 그들에게 빚을 지게 하여 도망가지 못하도록 한 악덕 흥행업자였다. 비록 오늘날 못된 흥행사의 관행을 미리 보여주긴 했으나 시대를 앞서 간 인물이라는 점은 인정해줘야 할 것이다.

18세기 연극과 관련하여 언급되어야 할 한 사람은 프랑스의 드니 디드로이다. 앞 장에서 소개했듯이 그는 배우의 연기술에 변화를 이끈 이론을 제시한 철학자이자 예술비평가이며 작가였다. 그의 개념은 결과적으로 사실주의 연기술에 영향을 끼쳤으며 연극의 발전에 기여한 부분이 적잖다. 독일의 작스 마이닝겐 공작 게오르그 2세는 자신이 운영하는 극단으로 유럽을 순회 공연하면서 연출가의 존재를 부각시켰다. 이때는 19세기 중후반이었는데, 공연작품의 앙상블을 조정하고 일관되게 유지하는 역할을 그가 맡았다. 작스 마이닝겐 공작은 무대 위에서 연기하는 배우들의 역할을 배정하고 장면의 위치를 조정하여 뛰어난 앙상블을 추구하려고 했다. 군중 장면은 관객들에게 강한 인상을 주었는데, 러시아의 스타니슬라프스키에게도 영향을 끼쳤다. 사실주의 연출가인 스타니슬라프스키와 안토완느는 자신의 배우를 훈련시키면서 희곡의 서브텍스트를 통해 세밀한 연기를 요구하였다. 19세기는 연출가들의 역량이 연극 발전에 크게 기여한 시기였다. 이러한 연출가들에게 또 다른 측면에서 자극을 준 예술가는 아돌프 아피아와 고든 크레이그였다. 아돌프 아피아는 스위스 태생의 건축가이자 무대 조명과 음악에 관한 관심을 가지고 무대표현의 발전에 기여한 인물로 알려진다. 리하르트 바그너의 오페라에 관심이 높았으며 그의 작품을 위한 무대 디자인에 고민을 아주 많이 한 예술 이론가이기도 하다. 당시에는 2차원의 평면 장식이 무대미술의 기본이었으나 아피아는 살아 있는 배우처럼 무대장치도 3차원으로 바뀌어야 한다고 주장했다. 특히 아피아는 조명의 강도와 색상을 조절하여 무대표현을 획기적으로 변화시킬 수 있다고 믿었다. 조명에 의해 배경막에 배우의 그림자가 드리워지는 현상을 보면서 개선하려던 아피아의 고심을 느낄 수 있다. 하지만 당시의 견고한 고정관념에 의해 아피아의 주장은 실현되지 못했다. 아피아를 거론할 때에 같이 논의되는 또 다른 인물이 있다. 19세기 런던에서 유명했던 여배우 엘렌 테리 Dame Ellen Terry, 1847~1928의 아들이기도 한 에드워드 고든 크레이그이다. 종종 고든 크레이그라고 알려진 에드워드 고든 크레이그는 영국 출신의 현대 연극인으로, 배우, 제작자, 연출가 그리고 무대 디자이너로 알려졌을 뿐만 아니라 무대이론의 발전에 영향을 끼친 인물이기도 했다. 이처럼 아피아와 크레이그는 모든 장르의 예술은 경험에 의해 습득해야 하며 전체 작품에 통일성이 유지되어야 한다고 주장했다.

이들에 의해 20세기 연출가들의 기능이 확장되면서 연극 표현의 새로운 지평을 열게 된 셈이다.

19세기는 연출가의 시대이면서 배우의 인기가 절정이던 시대이기도 했다. 물론 지금도 여전하지만 영상매체가 없었던 당시 배우의 인기는 가히 상상 이상이었을 것이다. 여성배우의 출현 이후 아마도 반드시 거론해야 할 여배우는 사라 베르나르Sarah Bernhardt, 1845~1923가 아닐까 한다. 살아온 여정도 드라마 같지만 연극에 대한 열정과 뛰어난 연기술로 여성배우의 평판을 높였기 때문이다. 그래서 그녀에겐 '사라 여신'이라는 뜻의 애칭인 'The Divine Sarah'가 항상 따라다녔다. 20세기 이후 미국의 연극에 영향을 끼친 로버트 에드먼드 존스Robert Edmond Jones, 1887~1954는 가히 종합예술가와 비슷하였다. 그는 무대와 조명과 의상 디자인을 하면서 유럽대륙의 연극에 뒤쳐진 미국 연극의 표현술을 선도한 무대예술가이다. 작품 내용과 상관없이 무대세트를 만들던 당시의 관행을 개선하였을 뿐만 아니라 『연극적 상상력』(*The Dramatic Imagination*, 1941)이라는 책을 저술하여 연극과 무대표현에 대한 관점을 확장시켰다. 참고로 몇 문장을 소개하면 다음과 같다. "훌륭한 무대는 그림이 아니라 '이미지'여야 한다" "인생처럼 극장도 변화한다" "무대장치는 공연을 위해서 의미를 가지며 독립적이지 않다. 배우가 없으면 무대는 존재하지 않는다" 등등 이 책의 시적인 문장들은 연극에 대한 숙고를 자극한다. 번역된 국내서적이 있으니 연극전공자라면 필독서의 목록에 넣기를 추천한다.

질문에 관한 또 다른 질문 |

- 그 외에도 연극발전에 지대한 영향을 끼쳤다고 생각하는 예술가들은 누구이며, 그 이유는 무엇인가?

- 한국연극의 발전에 기여한 사람들의 이름과 활동 내용을 알고 있는가?

| 3부 |

연극예술가와 제작에 관한 질문

오소공 : 이제 저 만삭이하고 세실이하고 읽은 연극을 어떻게 생각하시오?

박해녀 : 놀랄 정도로 능숙하군요.

오소공 : 능숙한 것은 좋지만 저런 연극을 백 번하면 뭣 해.

박해녀 : 사람들이 좋아하지 않을까요?

오소공 : 좋아하겠죠. 사람들이 좋아하는 한 단원들의 밥줄기는 끊어지지 않을테고.

박해녀 : 그게 중요하지 않아요? 지금 이런 상태에서 무엇을 하겠어요? 지금 연극을 할 수 있다는 것 자체가 고맙지 않아요? 일본 사람들이 연극을 하지 말라는 말 한마디만 떨어져도 우린 마지막이 아니에요? 꿈은...... 밤에만 꾸는 거예요. 오 선생님은 대낮에 눈을 뜨고서도 꿈을 꾸려고 해요.

—이근삼 <유랑극단> 중에서

| 11 |

연극제작은 어떻게 진행되는가?

연극은 관객과 만나는 순간에 완성이 되면서 소멸되는 예술이다. 이에 반해서 소설 같은 문학작품이나 화가의 그림과 조각 등의 미술작품 그리고 영화는 이미 완성된 작품으로 관객을 만난다. 따라서 연극의 제작과정은 완성품을 만들기 위한 과정일 뿐이다. 그러한 연유로 연극의 완벽한 연습이란 가능하지도 않고 존재할 수도 없다. 가상의 관객을 상상하면서 '이러한 반응을 할 것이다' '그렇게 하면 관객들의 감정이 고조될 것이다' '무대가 전환되면서 총성이 들리면 관객들은 깜짝 놀라겠지' 등과 같은 추측이나 예상만으로 진행될 뿐이다. 제작과정이 끝나고 막이 오르면 공연 작품은 예상대로 작동되기도 하고 전혀 그렇지 않을 수도 있다. 제작과정은 철저해야 하지만 완벽할 수 없는 이유다. 게다가 연극은 종합예술이어서 다양한 분야의 예술가들이 함께 연습에 참여해야 한다. 극작가, 연출가, 배우, 디자이너, 무대 진행요원 등과 함께 작업을 하게 된다. 작품은 하나이지만 제작과정에 참여하는 사람들은 여러 명이고 분야도 각각 다르다. 이처럼 연극은 모든 장르의 종합체이며 동시에 하나의 독립된 예술이다. '연극제작은 어떻게 진행되는가?'라는 질문은 이러한 연극의 종합적 특성과 복합적인 작업 과정에 대한 이해를 제공하는 것에서 출발해야만 할 것이다.

연극 제작의 첫 발걸음은 희곡 작품을 선택하는 일이다. 새로운 작품을 구상하든 아니면 기존에 이미 소개된 작품을 선택하든지 간에 선별의 기준을 세워야 한다. 예산, 인원, 장소, 대상, 목적 등등 여러 조건을 따지면서 작품을 고르게 된다. 작품 선택의 과정에서 몇 가지 전제조건이 있을 수 있다. 만약 어떤 단체이든지 연극제작에 참여하는 구성원들은 자신들이 구상하는 연극 작품의 완성도를 모두가 책임진다는 합의가 있어야 한다. 제작 기간 동안 치밀한 협동과 협조는 필수적이고, 공연의 완성도를 높이기 위한 분야별 협력도 절대적으로 필요하기 때문이다. 이러한 마음의 준비가 되었다면 제작의 첫 단계인 작품 선택을 하게 된다.

연극 작품을 선택하는 기준은 공연을 기획하는 개인과 단체의 기준에 따라 다양할 수 있다. 하지만 일반적으로 전문 극단이든 아마추어 극회이든 간에 작품 선택에 있어서 재정상황을 염두에 두지 않을 수 없다. 제작비의 정도에 따라 단막극, 2막극, 장막극, 뮤지컬 등에서 한 작품을 결정하게 된다. 마음에 드는 뮤지컬을 선택했을지라도 공연에 필요한 무대장치와 의상, 소품 제작비가 단체의 공연제작비를 초과한다면 작업과정은 순탄치 않을 것이다. 작품 선택에 있어서 또 다른 중요한 요소는 공연이 이뤄질 극장의 조건이다. 대부분의 극장은 프로시니엄 무대구조를 갖추고 있지만 경우에 따라서 무대의 깊이, 객석의 수, 관객과 배우의 친근감 유발 정도와 같은 다양한 여건을 고려해야만 한다. 물론 어떤 창조적인 연출가는 극장의 조건을 물리적인 제약으로 받아 들일뿐 그의 창의적 상상력을 통해 무대의 한계를 극복할 것이다. 작품을 선택할 때에 공연 단체의 인적 요건에 관한 상황도 고려할 필요가 있다. 이러한 문제는 절대적인 기준이 되지는 않지만 작업을 진행하는 과정에서 시간과 재정이 불필요하게 소비될 수 있기 때문이다. 남성배우보다 여성배우가 많을 경우, 자체 단원보다 외부단원을 초빙해야하는 경우, 젊은 배우와 나이 든 배우의 비율 등도 부수적인 조건이 된다. 하지만 앞서의 경우처럼 언제나 창조적인 예술가들은 조건의 제약을 창의적 상상력으로 극복하려는 태도를 보인다. 예를 들어 사무엘 베케트의 작품에 등장하는 남자 등장인물들은 반드시 남자 배우여야 할 이유는 없다. 외형적인 조건이라기보다는 작품의 전개를 위한 등장해야 할 인물의 기능이 더 중요한 것이다.

작품을 선택하고 난 뒤의 단계는 연출가와 배우, 스태프 요원들의 역할에 따라 세분화되어 진행된다. 진행의 방법은 각 요원들의 특정한 역할에 맞춰 개별적 진행과 동시에 협동적 관계를 조율하면서 제작이 이뤄진다. 연출가는 필요하다면 작품을 각색하거나 윤색하게 되고, 배우들과의 연습에 참여하면서 전체적인 제작과정의 책임을 맡는다. 배우들은 자신이 맡은 배역을 연구하고 대사를 암기하며, 성격의 형상화를 위해 노력하게 된다. 스태프들은 무대장치, 의상, 조명, 분장, 음향 등이 작품에 어떤 영향을 끼치는지를 연구하며 디자인을 시작한다. 작품에 필요한 배역은 오디션에 의해 결정되거나 아니면 연출자의 임의에 의해 결정된 후, 본격적인 연습에 들어간다. 단체의 상황을 고려하여 연습시간이 조정되면 대본 읽기를 시작한다. 대본 읽기는 기본적으로 작품의 줄거리를 이해하고 주제를 파악하는 연극제작의 한 과정이다. 연기자가 맡은 배역의 성격과 가치관 등을 조사하며 대사 속에 담긴 여러 의미를 분석하는 작업들이 이뤄진다. 인물 분석은 연기자의 극 중 인물 형상화를 위한 중요한 과정이다. 연기자들이 대본 읽기와 그에 따른 인물분석을 하는 동안 스태프 요원들은 작품이 요구하는 무대와 조명, 의상, 분장, 음향에 대하여 구상하게 된다. 디자이너들도 연기자들처럼 작품을 분석하면서 분위기를 파악하고 장면의 강조와 극적 정보를 효과적으로 전달하기 위한 계획을 연출자와 협의하며 진행한다. 연기자들은 인물분석과 함께 대사의 암기가 이뤄지면 동선blocking을 통해 등장인물의 움직임을 연구한다. 이러한 단계에 이르면 연기자들은 무대 디자이너가 설정한 등퇴장의 통로가 어디에 위치하는지, 거실의 창문과 계단의 위치 등에 대한 정보를 얻게 된다.

리허설의 초기에는 종종 무대 위에 출연하는 연기자들에게 초점을 맞추게 된다. 하지만 기타 스태프 요원들도 참석하여 자신들이 준비해야 할 것이 무엇인지를 파악하기 위해 지켜보아야 한다. 이 기간에는 배우들과 스태프 요원들은 서로에 대한 경쟁이 아니라 협동하는 법을 배우고 실천하는 시간이 된다. 디자이너들은 배우의 연기를 위한 장치와 조명과 의상과 소품을 준비하면서 분주하게 될 것이다. 연출가의 의견을 듣고 수정하거나, 디자이너의 조언으로 연출가가 계획을 바꾸기도 한다. 본격적으로 공연의 막이 오르기 전에 반드시 이뤄져야하는 것으로 테크 리허설tech rehearsal과 드레스 리허설dress rehearsal이 있다. 테크 리허설 도중에 진행되는 드라이 테크dry tech에서는 배우 없이 기술적인 신호cue를 연결하면서 무대장치, 조명, 음향 등을 점검하는 연습이 이뤄진다. 말 그대로 공연에 앞서 기술적인 문제를 파악하고 개선하기 위한 리허설이다. 드레스 리허설은 의상, 소품, 분장 등 마치 실제공연처럼 최종으로 이뤄지는 연습이다. 이때에는 연출가, 무대감독, 기타 스태프 요원들이 무대와 객석에서 전체적인 진행을 점검하게 된다. 이러한 연습과정은 앞에서도 얘기했듯이 관객 없이 진행되는 것이기 때문에, 실전과 똑같을 순 없다. 연극이 존재하기 위한 필수요소가 관객인데, 그러한 요소 없이 어떻게 완벽한 연습이 가능할 수 있겠는가. 그럼에도 불가능한 조건에서 마치 관객이 있는 것처럼 가상하여 진행하는 리허설은 대신에 객석 중앙 좌석에 앉은 연출가의 시선을 중심으로 이뤄진다. 흔히 '연출가 좌석'이라고 호칭되는 의자에 앉아 작품의 예술적 완성도를 책임진 연출가가 마치 관객을 대리한 시선으로 연습과정을 지켜보는 것이다.

연출가는 배우들의 움직임과 대사와 감정과 이야기 전개를 점검하고, 연습과정에는 존재하지 않은 관객 대신에 그들의 반응을 상상하면서 가능한 예상치를 측정하는 방식으로 제의하고 지시한다. 이와 같은 연극제작에서 진행되는 리허설의 순서와 각 단계별 핵심 내용을 요약하면 다음과 같다.

1. **reading rehearsals** 대본 리허설이며 독해讀解를 통해 대본을 이해하는 데 중점을 두고 진행하는 연습이다.
2. **blocking rehearsals** 배우들의 움직임과 동작에 집중한 연습이다. 등장인물의 성격을 탐구하면서 서로의 관계를 구축한 뒤에 등퇴장과 위치 및 이동을 구상한다.
3. **character/line rehearsals** 등장인물의 성격과 대사를 탐구하는 연습이다. 일종의 장면 탐구를 위한 리허설로 대본 없이 연습하면서 새로운 창조성을 발견하려는 의지가 필요한 시간이다.
4. **polishing rehearsals** 폴리싱 리허설은 문제점을 재확인하고 확신을 다지는 연습의 시간이며, 런스루run-though를 진행하면

서 장면전환과 극 중 인물의 심리상태를 좀 더 정교하게 연습하는 데 목적을 둔다.

5. **technical rehearsals** 무대장치 전환, 조명, 음향, 소품 등의 사용을 최대화하기 위한 기술적인 부분을 점검하는 리허설이다. 공연의 완성도와 긴밀한 관계를 맺는 연습 단계이므로 주어진 시간에 맞춰 페이퍼 테크paper tech → 드라이 테크dry tech → 큐투큐 리허설cue to cue rehearsal의 순서로 테크 리허설을 진행하면 효율성이 높아질 것이다.
6. **dress rehearsals** 최종리허설은 통상적으로 배우들이 무대의상을 착용한 상태로 실제 공연처럼 이뤄진다. 최종리허설만으로 부족하다면 제작팀은 때로는 프리뷰 혹은 프레쇼를 계획할 수도 있다.
7. **preview / pre-show** 프리뷰 / 프레쇼는 최종리허설을 마친 뒤에 평론가 및 홍보기관의 관계자를 초청하며 일반 관객은 정상 가격의 티켓보다 저렴한 가격으로 구매하여 감상할 수 있다. 프리뷰 / 프레쇼는 최종리허설보다 좀 더 실제 공연과 같이 진행되기 때문에 배우와 스태프 요원들에게 최종 공연에 대한 부담을 줄여주면서 공연 진행의 점검을 강화시켜준다.

최종 리허설과 프리뷰가 끝나면 개막일이 된다. 이 날은 극장 로비를 채운 실제 관객들이 막 공연될 연극작품에 대해 얘기를 나누면서 기다린다. 그들의 기대치는 제작팀에겐 부담이자 한편으로는 최선을 이끄는 자극제가 된다. 관객 입장이 시작되기 훨씬 전부터 공연 팀은 무대장치와 막의 전환과 소품 등을 점검한다. 필요한 모든 것이 제자리에 놓여 있는지 확인하고, 조명과 음향 오퍼레이터는 모든 큐가 제대로 입력되어있는지 다시 살펴본다. 무대감독이 공연 전 시간의 카운트다운을 시작하면 배우와 스태프들의 동작과 맥박이 더 빨라진다. 공연 직전에 배우들의 맥박 수는 흡사 밀림에서 맹수와 맞닥뜨린 상황과 비슷하게 뛴다. 드디어 막이 오르거나, 무대 위에 조명이 비춰지면 관객들은 숨을 죽이고 새로운 생명체로 부활하는 배우들을 지켜보기 시작한다. 환상의 세계가 무대 위에서 펼쳐지는 순간이다. 공연은 연습의 강도만큼 표현이 된다. 열심히 준비를 했다면 관객은 열심히 연습한 만큼의 박수를 보내준다. 최선을 다하고 원래 계획했던 장면들이 예술적 성취를 했다면 관객들은 찬사를 보내줄 것이다. 이렇게 공연이 끝나면 작품제작 과정을 정리하는 포스트 프로덕션 post-production이라는 공연 이후의 최종 정리의 단계로 넘어간다. 공연이 끝나면 무대장치를 반출하는 등 마무리해야 할 일이 산적하다. 하지만 뒤처리하는 제작팀의 심리 상태는 관객의 반응에 따라 달라질 것이다. 재공연이 계획되었다면 사용되었던 장치와 소품과 의상의 반출은 훼손 없이 이뤄져야 한다. 흔히 줄여서 '막공'이라고 말하는 마지막 공연의 경우, 반출 과정에서 반납할 물품과 재활용될 품목들을 구분하는 작업이 이뤄질 것이다. 이러한 과정에서 공연에 참여한 요원들은 혼합된 감정을 느낄 수 있다. 누군가는 천국의 행복을 만끽하고 누군가는 그냥 덤덤하기도 하며 어떤 이들은 언제 끝날지 모르는 연옥의 고통스러운 시간을 보낼지도 모른다. 공연 이후의 이러한 장면을 생각하면서 참여할 때부터 제작 작업의 협업을 이해하고 분야별 진행 과정에 대한 절차를 익히 알고 있어야 한다.

질문에 관한 또 다른 질문 |

● 제작 과정에 참여하는 여러 스태프 요원들의 역할을 구체적으로 구분할 수 있는가?

| 12 |

희곡과 대본은 어떻게 분석하는가?

현대연극에서 희곡 텍스트를 분석하는 일은 어쩌면 진부한 일이라고 생각할 수 있다. 이미 1968년에 피터 브룩은 『빈 공간』에서 대본이나 희곡을 분석하는 것을 그렇게 생각한다고 밝혔다. 아마도 당시의 고루한 연극 형식을 배제하고 연극 고유의 성질인 현장성과 상호작용 등의 특성을 강화하기를 바라면서 표현한 것임 직하다. 어쨌거나 희곡이나 대본은 공연화를 위해 필수적인 재료라는 점에선 여전히 유효하다. 동일한 연극 작품이어도 장면의 표현에서 차이가 발생하는 것은 희곡 혹은 대본을 해석한 방식이 다르기 때문에 나타나는 현상이다. 그렇다면 희곡과 대본은 어떤 방식으로 읽고, 공연화를 위해선 어떻게 분석하는가? 원칙이 정해진 것은 아니지만 희곡 읽기와 분석에 관해 일반적인 차원에서 소개해본다.

먼저 희곡이나 대본을 읽는다. 분석하려면 뭐든지 먼저 읽어야 한다. 비평서와 해설서를 먼저 읽어도 괜찮지만, 읽어야 할 대본의 페이지를 먼저 펼친다. 그게 싫다면 다른 이에게 낭독을 해달라고 부탁하여 귀로 들어도 괜찮다. 어떤 방식을 취하든지 반드시 지켜야 할 것은 대본을 읽는 동안은 철저히 집중해야 한다. 대본 읽기는 처음부터 끝까지 한 번에 읽는 것이 좋다. 그리고 읽고 난 뒤에는 떠오르는 느낌을 적어두는 게 바람직하다. 나중에 다시 읽게 될 때에 처음 인상을 살펴보는 것도 유용하기 때문이다. 대본이 묘사하는 상황이나 인물을 이해하기 위한 태도를 잘 유지해야 한다. 어떤 경우에는 줄거리를 숙지하기 위해 반복해서 대본을 읽을 수도 있겠다. 하지만 같은 책을 여러 번 즐겁게 읽는 사람은 별로 없다. 그래도 잠시 휴식 시간을 가진 뒤에는 다시 읽어야 한다. 읽고 또 반복해서 읽는다. 하지만 두 번째, 세 번째의 읽기는 처음과는 다른 방식을 취해야 한다. 그러다 보면 작품의 결말은 시작에 있음을 깨닫게 되는 경우도 있다. 작품의 핵심을 짧지만 명확한 문장으로 묘사할 수 있을 정도라면 더욱 좋다. 연출가라면 공연 장면을 상상하거나 등장인물에 적합한 배우가 누구일지를 스스로 캐스팅해볼 수도 있다. 출연료 없이 그들을 상상으로 캐스팅하여 무대 위에 가상의 연기를 해보게 만든다. 제작비가 전혀 없는 상상의 연극이니 지겨울 만큼 해도 상관없다. 이러한 과정에서 대본을 처음 읽을 때 발생했던 문제들이 어느 정도는 해결될 것이다.

대본을 분석할 때에는 몇 가지 원칙이 있다. 문자로 구성된 희곡이나 대본 읽기를 하는 동안에는 앞에서 설명했듯이 무대화된 장면을 상상하면서 읽는 것이 좋다. 이러한 연상 작업은 마치 객석에 앉은 관객의 시선으로 활자를 영상으로 전환시키는 일이다. 관객의 시선은 무대 위에서 움직이는 등장인물이나 사물을 따라가는 습성이 있다. 만약 연출가의 의도에 따라 특정 인물이나 소품을 강조하고 싶다면 움직이게 만들면 될 것이다. 조명을 사용하여 초점을 맞추는 방법도 있다. 조명은 관객의 관심을 조정하기 위해 사용하는 연출가의 매우 강력한 수단이다. 이러한 상식은 무대연출의 주요한 원리로서, 관객은 원하는 곳을 보고자 하기 때문에 시선을 주는 것이다. 경우에 따라서 여러 인물이 동시에 움직이게 되는 경우라면 관객은 가장 나중에 이동하는 대상에게 시선을 줄 것이다. 말을 하면서 움직이거나 어떤 소리와 함께 이동을 하면 어떤 상황일지라도 관객은 그러한 대상에게 시선을 돌리게 된다. 조명의 이동과 변화로 관객의 시선을 붙잡을 수도 있다. 이처럼 무대와 장비의 특성을 생각하면서 공연화를 전제로 대본을 읽는다면 원하는 만큼의 작품을 구상하게 될 것이다. 제작에 참여할 디자이너들이 결정되었다면 그들의 의견을 듣는 것도 연상 작업에 도움이 된다.

모든 희곡과 대본 읽기는 공연 제작을 전제로 이루어진다. 물론 무대상연을 전제로 하지 않고 읽히는 것을 목적으로 쓰인 레제

드라마는 제외되어야 할 것이다. 활자로 쓰인 내용을 현존presence하도록 전환된 결과물을 우리는 공연이라고 부른다. 이러한 결과물에서 이야기 전개를 촉진시키는 대표적인 존재가 등장인물들이다. 연출가, 배우, 디자이너 등 공연에 참여하는 제작진들은 자신이 맡은 역할에 따라 대본의 내용을 근거로 등장인물의 성격과 그들을 둘러싼 환경을 분석한다. 등장인물의 성격은 사상과 행동으로 묘사되며, 그 바탕에는 갈등이 존재하게 된다. 희곡과 대본을 읽을 때에는 등장인물에게 내재된 갈등이 무엇인지 그리고 그러한 갈등의 동기가 무엇인지를 찾아야 한다. 이러한 작업 과정은 마치 범죄 심리분석가가 지리 프로파일링을 하듯이 진행되는 방식을 사용해도 좋을 것이다. 지리 프로파일링은 범죄 사건이 발생했을 때 범인의 특성을 찾거나 이동 경로를 살펴보기 위해 사용하는 분석 기법이다. 범인의 활동반경과 이동의 단계를 분석하여 위치를 찾아내는 기법처럼 희곡에 등장하는 인물의 행동을 살펴보면서 심리의 기저基底를 찾아내는 것이다. 행동의 동기를 찾는 작업은 연출가에게는 장면을 구축하는 데 필요하고, 배우에게는 행동과 감정의 근원을 증빙하는 중요한 일이다. 다행스러운 것은 그러한 행동의 동기는 희곡의 어딘가에 반드시 숨겨져 있다는 점이다.

극 중 인물의 성격과 연극의 사건을 분석하면서 결정론적 입장으로 접근해보는 것도 하나의 방법이 될 것이다. 과거의 원인이 현재의 갈등을 만드는 결과라는 결정론적 입장에서 접근하는 이유는 극작가들의 태도와 관계가 있다. 훌륭한 극작가는 극 중 인물의 행동이나 사상을 작위적으로 창작하지 않기 때문이다. 인간의 세계를 묘사하는 극작가라면 수긍 가능한 범위 내에서 합리적으로 이해할 수 있도록 갈등과 사건을 술이부작述而不作의 자세로 묘사할 것이다. 따라서 극 중 인물의 내, 외적 갈등을 통해 그가 욕망하는 것을 추측할 수 있고 목표를 찾아내는 것이 가능하다. 원인을 아는 것은 답을 이미 알고 있다는 뜻이기도 하다. 모든 극 중 인물은 반드시 '어떤 목적을 가지고 등장한다'를 전제로 이뤄지는 목적론적 입장의 접근 방식이다. 예를 들어서 극 중 인물이 화를 내거나 눈물을 흘리면 분노와 슬픔을 보여주는 것이고, 그런 감정은 어떤 목적을 이루기 위한 수단으로 해석하는 것이다. 보편적으로 극 중의 선한 인물의 궁극적인 목적은 정의, 질서, 사랑, 평화 등으로 연결되고 악인들은 이와 대척적인 결과를 원하는 경향이 있다. 이처럼 결정론과 목적론적 입장으로, 특히 고전 작품을 분석할 때에 이러한 접근 방식은 공연화에 도움이 되는 많은 정보를 얻을 수 있다. 분석의 결과는 연출가와 배우와 스태프 요원들 간에 공유되어 인물의 형상화에 유용한 원료로 작용되어 양질의 공연작품을 제작하게 될 것이다.

현대연극에서 등장인물이나 사건의 양태는 미묘한 경우가 많다. 희비극적 요소를 가지거나 전통적인 전개구조를 따르지 않을 수도 있다. 그럼에도 공연화를 생각하면서 진지하게 대본을 읽다보면 등장인물과 극 중 사건의 동기와 배경은 드러날 수밖에 없다. 대사 속에 혹은 지시문 속에서 분명하게 나타나기도 하고 때로는 은근히 암시를 하면서 드러나는 경우도 있다. 게다가 희곡이나 대본에 쓰인 모든 것이 의미를 가지고 있다는 믿음은 분석을 즐겁게 해줄 것이다. 의미가 없다면 작가는 아예 쓰지 않았을 것이리라. 필요에 의해 만들어진 것은 모두 의미를 가지고 있으므로 희곡이나 대본을 읽을 때에는 극작가의 머릿속을 탐험하는 마음을 갖는 게 좋겠다. 마치 '왜 이런 표현을 했을까?'라는 물음을 지속적으로 가져볼 필요가 있다. 심지어 쉼표와 마침표, 감탄사와 말줄임표에 대해서도 고심이 요구될 것이다. 어떤 경우일지라도 꼼꼼하게 읽어서 손해될 건 없다. 단지 시간이 필요하고 머리가 좀 아픈 정도일 뿐이다. 이런 자세는 각색 작업을 할 때에도 적잖은 도움이 될 것이다. 극작가의 의도를 훼손하지 않으면서 공연 조건의 최적화를 이끌어낼 수 있기 때문이다. 원작의 내용을 수정하게 될 때에는 인위적이 되어선 안 된다. 그럴 경우라면 아예 시도하지 않는 것이 올바른 자세이다. 대본을 읽으면서 조바심을 내는 것도 패착의 원인이 될 수 있다. 읽을 때마다 느낌이 다르다면 그 이유를 찾아야 한다. 모든 게 변할 수 있다는 여유로운 마음으로 접근하는 게 바람직하다.

희곡이나 대본을 읽고 분석할 때에는 편안한 마음과 열린 생각으로 접근하는 것이 바람직하다. 너무 일찍 공연화의 구상을 결정하지 않도록 해야 한다. 연습일정이나 제작비 문제로 쫓기는 기분이 들 수도 있지만, 가능하다면 시간을 두고 읽기를 반복하기를 추천하고 싶다. 작품에 대해 잘 이해할수록 원래의 생각이 어떤 형태로든 변해갈 것이다. 때로는 번역희곡을 분석하면서 등장인물의 지위와 직함에 대한 호칭을 다듬어야 할 경우도 있고, 존칭어와 반말의 사용을 바르게 수정하는 수고도 필요할 것이다. 과욕적인 연출가나 배우는 종종 대본에 있는 모든 내용을 다 암기하듯이 잘 알고 있다고 과신할 수도 있다. 하지만 이런 과신은 더 이상의 상상력을 제한시켜 버릴 수 있다. 희곡이나 대본을 완벽하게 이해하는 것보다 좀 모자란 듯한 상태가 좋은 작품을 제작할 가능성이 높아진다. 모든 예술작품은 관객이 채워줘야 할 일정 부분의 몫을 남겨줘야 한다. 연출가와 배우가 다 채우지 않은 부분의 경우는 연습과정에서 스스로에게 창작 활동을 자극시켜줄 것이다. 이와 같은 태도를 갖기 위해선 다음과 같은 자세를 취하면 도움이 된다. 우선, 자신의 취향에 맞지 않은 희곡이나 대본일지라도 반드시 장점이 있을 것이라고 믿는다. 세상은 절대 악과 절대 선을 말하지만 찾기가 거의 불가능하지 않은가. 아무리 형편없는 작품이라도, 적으냐 많으냐의 문제일 뿐, 좋은 점은 분명히 있다. 그 다음으로, 문제 있는 작품이라면 스스로 고치려고 시도하지 말고 숨겨진 가치를 찾아서 장점을 돋보이게 해줘야 한다. 그것이 모두에게 유익하다. 마지막으로, 풀리지 않는 문제가 있어도 심각하게 생각하지 않는다. 모든 해결은 이미 희곡과 대본의 어딘가에 담겨져 있다는 믿음이 필요하다. 등장인물의 대사와 지시문(인물의 행동과 무대의 조건과 환경)에 반드시 해결의 실마리가 있다는 생각은, 희곡분석에 있어서 첫 번째 자세이면서 동시에 마지막 태도이어야 한다.

질문에 관한 또 다른 질문 |

- 흥미롭게 읽었던 희곡이나 대본이 있다면 무엇이고, 이유를 설명할 수 있는가?

| 13 |
연출가에게 필요한 것은 무엇인가?

연출가는 연극 작품의 공연화를 책임지는 예술가이다. 그러한 책임의 범위는 예술적인 분야와 경영적인 측면까지 포함된다. 연출가는 연극제작에 관해 관여하는 범위가 거의 제한이 없는 것처럼 느껴질 수 있다. 희곡을 분석하고 자신의 관점에서 해석할 수 있고 이야기의 구성과 작품의 주제를 결정할 수 있는 권한을 가지며, 오디션을 통해 배우를 선발하고 배역을 결정하는 책임자이다. 관객들에게 통일된 인상을 주기 위해서 연출가는 공연제작에 관련된 모든 작업에 관여해야 하며 결과에 대해서 책임을 진다. 연출가는 배우의 연기를 지도하거나 무대 스태프와 협의하면서 작품 전체를 조화롭게 구성하는 책임도 있다. 예술가인 동시에 감독자이며 필요한 경우에는 전체적인 예산과 홍보까지 관여할 수도 있는 게 연출가이다. 제작과정의 일정을 수립하는 결정적인 위치에 있기 때문이다. 이처럼 작품제작과정에서 무소불위의 힘을 가진 연출가는 책임의 범위만큼이나 부담도 매우 크다. 그래서 배우들과 스태프 요원들 때문에 공연이 완전히 실패하는 경우는 거의 없지만, 한 편의 공연을 철저하게 망쳐버릴 수 있는 한 사람이 있다면 그것은 연출가라고 수군거리는 것이리라. 이러한 조건과 사정을 가진 연출가는 자신에게 주어진 권한을 적정하게 사용해야 한다. 철저한 분석 없이 해석한 결과는 연출가뿐만 아니라 연극제작에 참여하는 전 구성원의 재능과 노력과 시간과 재정을 파탄나게 만들 수 있다. 자신이 충분하게 알지 못하는 분야에 대해선 대화와 협조를 통해 필요한 만큼 얻어낼 수 있는 비즈니스의 태도가 필요할 수밖에 없다. 연출가에게 필요한 덕목과 지혜와 재능을 아래에 요약했으니 이 분야에 관심 있다면 되씹듯이 읽기를 바란다.

연출가는 활자화된 대본을 읽고 자신의 예술적 안목을 바탕으로 재창조를 시도하는 예술가이다. 그에게 있어서 2차원의 대본을 3차원의 공연으로 전환하는 일은 가장 주요한 작업의 하나다. 그러한 연출가는 극작가의 창작에 의해 만들어진 희곡을 공연용 대본으로 전환할 수 있는 문학적 소양이 필요하다. 연출의 본질에는 '작품 방향의 결정', '장면 만들기의 책임', '작품 분위기의 창조', 그 외에 요구되는 '표현방법 조정과 통합'이 있다. 장면 만들기는 시각적인 것뿐만 아니라 사상이라든지 장면 속에 있는 모든 요소들, 대사, 신체적 조건, 분위기, 조명, 의상까지 전부 포함한다. 희곡이나 대본을 읽을 때에는 크게 3단계로 구분하여 진행하는 게 바람직하다. 첫 번째 단계는 처음부터 끝까지 대본을 읽어가는 것이다. 마치 관객이 앞에 앉아서 듣고 있는 기분으로 읽는다. 필요하다면 인터미션처럼 중간에 쉴 수도 있으나, 가급적 처음부터 끝까지 읽는다. 두 번째 단계의 대본 읽기는 분석의 단계다. 이미 읽었기 때문에 대본에 등장하는 인물들과 사건의 결말을 알고 있는 상태이다. 따라서 다시 읽으면서 등장인물의 성격과 목표가 무엇인지를 재확인한다. 필요하다면 장면을 나누어 볼 수도 있다. 장면나누기는 흔히 '프렌치 씬French scene'이라고 알려진 주요 인물의 등퇴장을 기준 하는 방법이며, '동기 단위motivation unit'로 구분할 수 있다. 등장인물의 행동에 대한 동기를 찾기 못하면 '동기 단위'로 장면을 구축하는 것은 가능하지 않게 된다. 따라서 두 번째 읽기에서 대본 분석은 공연 작품의 성패를 가늠하는 중요한 단계랄 수 있다. 세 번째 단계의 대본 읽기는 참여하는 배우의 연령, 남녀비율, 제작비용, 공연장 조건 등을 생각하면서 스태프의 영역에 대한 고민을 해야 한다. 합류하는 무대장치, 조명, 의상, 소품 등의 디자이너들에 대한 고려도 무시할 수 없다. 세 번째 대본 읽기를 하는 연출가는 연필이나 색깔이 구분되는 필기도구를 사용하여 대본의 여백이나 메모장에 떠오르는 자신의 모든 아이디어를 기록한다. 대본의 내용을 기준하여 무대도면을 그려보는 등 시공간에 대한 구성을 한 뒤에 가상의 배우들이 무대 위에서 걸어 다니는 상상을 해본다. 이러한 상상에는 어떤 패턴의 규칙을 가지면 무대연출에 효율성이 높아질 수 있다. 상상 속에서 배우와 소도구의 이동은 공간요소와 시간의 조건이 합당하게 이뤄져야 하는데, 연출가가 원하는 패턴을 적용하면 작품 전반에 통일성을 가질 수 있는 조건이 생길 것이다. 이처럼 연출가에게는 공연장이라는 건축적 공간의 특성과 장면 구축을 위한 미술적 안목은 물론 극적 전개의 템포와 리듬 등을 조정하기 위한 음악적 재능도 필수적이다. 연출가는 이와 같은 문학적 소양, 연기술에 대한 지식, 시각적 안목과 청각적 재능 외에 불특정 다수로 구성되는 관객에 대한 이해가 절대적이다. 연극작업에 관한 여러 서적과 논문들은 대본분석과 장면구축 그리고 표현양식과 연기술에 초점을 맞춰 발표되는 경우가 많은 반면에 관객을 주제의 대상으로 발표된 논문은 찾기가 쉽지 않다. 물론 근래에 관객 연구에 대한 관심이 높아지면서 관련 서적이나 논문이 소개되고 있는 편이긴 하다. 관객이 연극을 구성하게 해주는 필수적 요소임에도 관련 연구가 더딘 이유는 다변적이고 구성이 불특정한 탓이 크기 때문이다. 그럼에도 모든 연극작업은 관객을 대상으로 이뤄지며, 그러한 집단의 특성에 대한 이해는 연출가에게 중요한 업무의 하나가 될 것이다. 이 책에서도 그러한 중요성을 감안하여 후반부에서 감상과 관객에 대한 내용을 소개하고 있다.

연출가는 연기자와 작업하기 때문에 연기술에 대한 지식도 요구될 수밖에 없다. 연출가는 사실 연극사적으로 나중에 등장한 예술가군이다. 19세기 이전에는 제1배우이거나 연장자 배우들 중에서 연기를 가장 잘 하는 사람이 연출가적 역할을 했었다. 연기술에 대한 지식이 부족하면 좋은 연출가의 자격도 미흡하게 보일 것이다. 연기술에 대한 지식보다 더 중요한 것은 어쩌면 배우의 특성을 이해하는 일이다. 어떤 배우들은 많은 관심을 받기를 원하지만 또 어떤 배우들은 혼자 있기를 원할 수도 있다. 어떤 배우들은 메모를 좋아하지만 어떤 이들은 직접 말과 행동으로 듣고 보기를 원하다. 그러한 배우들의 선호를 빨리 알아내야 한다. 연출가는 마치 부모처럼 사제와 같이 배우를 마주해야 한다. 종종 치료사처럼 배우의 상태를 잘 살펴봐야 하고 때로는 연인을 유혹하는 마음으로 대하거나 필요하다면 헌신하는 모습도 보여주어야 한다. 연습과정에서는 무대감독처럼 대사와 장면의 큐를 지시하고 분위기를 형성하면서 배우의 감정을 조절할 수 있는 심리 상담자와 같은 역할도 필요하다. 이러한 연출가의 태도와 재능을 가졌다면 배우들로부터 원하는 결과를 어렵지 않게 얻을 수 있다. 배우의 잘못이나 문제를 지적하는 경우라면 가급적 다른 사람들이 없을 때에 하는 게 유익하다. 이러한 행동은 다른 사람들 앞에서 창피와 모욕감을 당하지 않게 할 뿐만 아니라, 연출가의 관심을 받고 있다는 느낌을 배우에게 줄 것이다. 어떤 좋은 느낌이나 호의적인 감정을 연출가와 공유하게 되면 배우뿐만 아니라 연출가에게도 창의적 활동이 촉진되고 서로의 관계는 돈독해진다. 하지만 문제에 대한 지적을 개인적으로 혹은 기술적으로 전달할 수 없다면 차라리 말하지 않는 게 좋다. 만약에 모든 문제를 자신이 해결할 수 있는 능력자라고 말하는 연출가가 있다면 가까이 하지 않기를 바란다. 자신의 능력보다 더 많은 능력을 가졌다고 믿는 전문가들이 의외로 많다. 하지만 대부분 착각일 뿐이다. 필요하다면 간혹 모른 척하거나 어리숙하게 보이면서 다른 참여자들의 능력을 이끌어낼 줄 아는 연출가가 되어야 한다. 배우와 스태프들의 에너지를 끌어낼 수 있는 연출가라면 좋은 작품을 만들 수 있는 능력의 조건을 갖춘 예술가이다. 자신의 능력을 과신하면서 동료 예술가를 억압하고 강제한다면 오히려 작품의 질을 떨어지게 할 뿐만 아니라 모두를 어둠의 나락으로 이끌 뿐이다.

연출가에게는 참으로 많은 책임이 있다. 명확하게 구분되지는 않으나 연극작품의 완성도를 구축하기 위해 다음과 같은 일을 맡고 있다. 연극 제작을 위한 리허설의 단계에 따라서 구분하자면, 첫째로는 희곡을 선별하거나 승인하는 일인데 대부분 연출가가 희곡이나 대본을 선택한다. 둘째로는 희곡을 해석하고 분석하는 일이다. 작가와 직접 만나서 얘기를 하며 분석할 수 있고, 무대장치나 조명 같은 것들을 총괄하면서 자신의 생각을 반영할 수도 있다. 셋째로는 디자인을 조정하고 최종적으로 결정하는 책임을 가지고 있다. 넷째로는 오디션을 진행하여 배우들을 선발하고 지도하여 캐스팅을 하는 것도 연출가의 몫이다. 다섯 번째로는 장면 만들기를 통해 무대화 하는 일이다. 이러한 무대화의 작업은 사실 연출가의 역할 중에서 핵심적인 부분이다. 여섯 번째로는 공연을 계획하고 통합하는 일도 해야 한다. 이것은 기획의 분야로 해석할 수도 있지만 어떤 단체냐에 따라서 달라질 수 있으며 관객에 따라 변경될 수도 있으니 연출가가 책임을 가져야 할 영역이다. 일곱 번째로는 공연 스케줄을 조절하고 리허설을 주도적으로 진행하는 일도 연출가의 책임이다. 마지막으로, 공연 제작에 참여하는 모든 구성원들 사이에서 중개자 역할을 하는 것도 연출가의 몫이다. 이러한 역할과 책임을 가진 연출가에게 필요한 게 더 있다면 리더십이다. 오케스트라의 지휘자와 같고 스포츠 경기의 감독과도 비슷한 리더십이랄 수 있다. 연출가에게는 리더십을 올바르게 사용할 줄 아는 지혜와 심성이 더욱 요구된다. 리더십에 관한 최상의 심리적인 원리를 사용하여 제작에 참여하는 구성원들을 설득하거나 필요하면 강하게 요구를 할 수 있어야 하기 때문이다. 이러한 리더십에 의해 연극 제작에 참여하는 각 분야의 전문가들로부터 창조적인 도움을 받을 수가 있다. 연출가는 어떤 결정을 내릴 때에는 삼사일언三思一言의 마음으로 해야 하며, 스태프 요원들과 사전에 의견을 주고받는 태도도 필요하다. 이것은 종합예술로서의 연극작품을 위한 토털 리더십이라고 부를 수 있겠다. 아마도 이런 리더십을 가진 연출가들은 어디에서 무엇을 하든지 자신이 원하는 것을 모두 얻어낼 수 있는 존재가 될 것이다.

질문에 관한 또 다른 질문 |

- 연극제작 과정에서 연출가가 반드시 하지 말아야 할 언행은 무엇인가?

- 공연이 시작되면 연출가는 객석에 앉고 무대 위에는 무대감독stage manager이 공연진행을 주도한다. 연출가와 무대감독의 역할은 무엇인가?

| 14 |
배우라는 존재는 누구인가?

배우는 연극작품을 존재하게 만드는 핵심적인 예술가다. 대본이 없어도, 무대미술가가 없어도, 연출가가 없어도, 극작가가 없어도, 배우만으로 연극은 가능하기 때문이다. 연극제작에 기여하는 모든 참여자들 중에서 연극 무대에 등장하는 유일한 예술가는 배우뿐이다. 연극예술 작업에서 관객과 직접 만나는 독보적인 존재이기 때문에 유독 배우들이 스포트라이트를 받게 된다. 연극을 배우의 예술이라고 말하는 이유도 그들에 의해 전달되는 예술적 표현이 연극의 핵심이기 때문이다. 반면에 영화는 종종 감독의 예술이라고 알려진다. 영화배우가 스크린 상에서 최고의 연기를 펼치고 감동적인 내용을 담았더라도, 카메라의 촬영과 편집에 의한 감독의 결과물로 평가되며 예술적 성과는 종종 감독에게 돌아가는 경향이 있다. 화면은 감독의 시선이며, 구도와 색상과 가시적인 모든 것은 그의 의도를 반영한다고 생각하기 때문이다. 그래서 영화를 전공하려는 이들은 대부분 감독을 지망하며, 연극을 전공하려는 대부분의 사람들은 배우를 원하는 편이다. 관객과 직접 만나는 존재로서의 배우는 시대를 불문하고 늘 인기의 대상이었고, 이러한 로망은 현재도 진행형이다. 이처럼 연극예술에서 가장 관심이 높은 분야는 '연기'이다.

연기는 배우가 무대공간을 걸어가는 것만으로도 가능하며 그런 행동 자체가 연극이 될 수도 있다. 이처럼 모든 배우는 위대한 존재다. 하지만 훌륭한 연기자가 반드시 뛰어난 배우가 되지는 않는다. 물론 뛰어난 배우는 훌륭한 연기자가 될 수 있다. 이것은 배우와 연기자가 다른 차원의 존재란 것을 깨닫게 해준다. 그렇다면 배우와 연기자는 어떻게 구분할 수 있을까. 구분의 기준은 무엇인가. 어쩌면 실화를 바탕으로 제작된 댄 포걸맨Dan Fogelman 감독의 영화 <대니 콜린스>(*Danny Collins*)에서 사용된 존 레논의 편지 문장이 적절한 비유가 될 듯하다. "자신은 물론이고 자신의 음악에 진실하기를 바라네." '음악'을 '연기'로 바꿔 표현하면, 자신에게 진실하면서 연기에도 진실한 것이 좋은 배우의 기준이 될 것이다. 배우는 관객을 위해 특정한 극 중 인물의 성격을 창조하는 예술가이다. 자신과 극 중 인물에게 진실하지 못한 배우라면 멋진 연기를 보여주더라도 관객으로부터 신뢰를 받기가 쉽지 않을 것이다. 그럴 경우 그 배우는 멋진 연기자라고 말할 수는 있으나, 훌륭한 배우라고는 말할 수 없다. 배우와 연기자의 구분은 이 글의 말미에 설명하였으니 참고 바란다. 어쨌든, 관객을 위해 특정한 극 중 인물의 성격을 창조하는 예술가로서의 배우는 자신의 직업에 대한 자부심을 가질 수밖에 없다. 자부심이 없는 배우가 무대 위에서 도대체 무엇을 보여줄 수 있겠는가.

좋은 배우는 정시에 연습에 참여하고 필요한 과제는 미리 준비하는 태도를 보여준다. 숙련되고 좋은 배우들은 다른 동료의 연기에 대하여 불평하거나 힐난하지 않으며, 상대 배우가 연기를 펼치는 동안 집중을 방해하지 않고 오히려 도움을 주려고 할 것이다. 훌륭한 배우는 동료 배우의 모자란 표현에 대해서도 힐난이나 비난을 하지 않는다. 문제가 있을 경우에는 연출가와 상의하며, 때로는 무대미술가 혹은 의상디자이너에게 자신의 의견을 정중하게 전달하려고 노력할 것이다. 뛰어난 배우들은 연극의 역사와 희곡문학의 특성에 대한 이해가 깊다. 이와 같은 배우들은 크게 두 가지의 유형으로 나눠진다. 첫째는 영감에 의해 자신의 역할을 창조하는 배우 유형이며, 둘째는 연기술로 자신이 맡은 극 중 인물을 창조하려는 부류들이다. 드니 디드로가 지적했듯이, 자연스럽고 사실적으로 묘사할수록 배우는 더욱 인위적으로 연기해야만 한다. 오래전부터 현실의 인물처럼 무대 위에서 자연스럽고 실제처럼 보이려는 노력은 모든 배우들에게 해당되는 모순이자 역설이다. 자연스럽기 위해 인위적이어야 하는 이러한 연기의 역설은 지금까지도 여전히 적용되며 앞으로도 지속될 것이다. 이와 같이 극 중 인물을 창조하고 목표지점까지 가야하는 이들은 "고통스럽지만 그 과정에서 기쁨을 느낀다는 점에서 등반과 같은 것이구나"[12]라고 토로했던 배우 황정민의 말처럼, 산악인이 산에 오르는 이치와 비슷하다.

'배우俳優'의 한자어는 '광대'와 '넉넉하다'의 뜻을 가진 두 글자가 합쳐있다. 공통적으로 사람이 들어간 두 단어를 더 헤쳐서 읽어보자. 사람(人)이 아닌 것(非)이 사람(人)을 걱정한다(憂)라는 문장이 된다. 배우는 자신이 묘사하는 인간과 세계가 문제적이어서 걱정스러워하는 존재들이다. 정상적이고 올바른 존재만이 삶을 유지하는 세계라면 갈등을 조장하는 극적 상황들이 없을 테니까 말이다. 그런데, 배우라는 글자에서 '사람이 아닌' 것이라는 말이 좀 거슬리기는 하다. 현실에서는 사람이지만 허구의 극 중 인물로 등장한 공연 시간 만큼은 온전히 실존할 수 없다는 뜻으로 받아들여야 하겠다. 그렇게 보자면 배우는 극 중 인물로 탄생하여 작품이 진행되는 동안만 생명력을 유지하다가 소멸되는 존재인 셈이다. 허구의 인물을 대리하면서 살아있는 존재처럼 관객을 설득하는 것이 쉬운 일은 아니다. 배우로 살아가는 것은 극 중 인물을 창조하는 작업이며 그것은 미지未地의 땅을 탐험하는 일과 비슷하다는 것을 되새겨 볼 필요가 있다.

현장예술인 연극은 살아있는 배우를 중심으로 진행된다. 반면에 영화의 감동은 편집의 기술과 과학 기술에 비례를 한다. 이 말은 영화가 비인간적이라는 뜻이 아니라 연극이 인간적인 요소가 많다는 뜻이며, 배우와 관객의 상호작용의 폭에 따라 극적 감동이 증폭되는 장르임을 강조하는 말이다. 연극배우의 실수는 인정을 하고 받아들일 수 있는 여지가 많지만, 영화배우가 스크린에서 실수를 한다면 (물론 그 전에 감독이 편집을 하면서 잘라내 버리겠지만) 그것은 용납되지 못하는 경우가 그런 일례가 될 것이다. 영화는 일반적으로 많은 관객이 동시에 감상을 하지만 개별적인 반응을 보이는 경향이 강하다. 하지만 연극에서는 집단경험이 필수적이며 관객이 많으면 많을수록 감상의 즐거움이 배가 된다. 극장 안에서 우리는 연극배우를 보며, 대사를 듣고, 무대장치를 눈여겨보며, 객석에 앉아서 연극 집단의 분위기를 느낀다. 연극이란 우리에게 다양한 체험을 동시에 할 수 있도록 도움을 주는 예술이다. 그러한 이유로 무대 위의 배우는 '그런 척'의 기교를 버리고 '그럴 듯'한 연기를 해야 한다. 그래서 진실한 행위 그 자체의 인격체여서 'actor'라고 부르는 것이다.

1000만 관객을 돌파한 영화 7편에 출연했던 배우 오달수는 언론사 기자와 인터뷰를 통해 자신의 배우관을 다음과 같이 밝혔다. "배우에겐 의도가 있을 수 없다. 친일파에 대한 공분, 정의 실현에서 느끼는 통쾌함, 그런 건 같이 느끼지만 배우의 입장에선 어떤 편견도 갖지 않는다. 편견이 없어야 연기가 자연스러워진다. 배우가 어떤 목적을 가지고 연기를 하는 것은 바람직하지 않다고 생각한다. 내 개인적 정치 성향은 있을 수 있지만 배우로서는 아니다. 말 나온 김에 얘기하자면 내 정치 성향은 이런 거다. 황지우의 시에 그런 구절이 나온다. '버스 운전수의 급격한 우회전은 승객들을 좌편향 시킨다.' 이게 내 생각이다."[13] 오달수 배우의 말처럼 관객을 즐겁게 하면서 진지하게 깨우치도록 해주는 존재가 배우여야 한다. 한 인간을 흉내 내는 것이 아니라 그 인간의 삶을 무대 위에서 그럼직하게 표현하는 예술가이기 때문이다. 이것이 우리가 실제 삶에서 체험할 수 없는 것들을 무대 위에서 체험시켜 우리 삶의 질을 풍부하게 만드는 연극의 매력이기도 하다.

배우와 연기자는 구분하여 사용해야 한다. actor와 performer는 전혀 다른 차원의 사람들이다. 모든 연기자가 다 배우라고는 할 수 없다. 좋은 배우는 좋은 연기자이지만 좋은 연기자가 반드시 좋은 배우가 되지는 않는다는 사실을 기억해야 한다. 연기자는 포괄적인 용어로 무엇인가를 드러내 보여주는 기술을 가진 사람을 일컫는다. 그러나 배우는 특정의 직업이며 연기를 통해 자신의 가치를 입증하는 예술가이다. 이러한 배우의 핵심은 연기술에 달려있고 연극의 진행을 가능하게 만드는 기본 원료로 작용을 한다. 연출과 스태프 없이도 공연의 진행은 가능하지만, 배우 없이 연극은 홀로 존재할 수 없다. 그래서 연극을 가능하게 해주는 존재는 배우이며 연극은 배우의 예술이 된다. 따라서 극 중 인물의 가치를 표현하는 배우는 자신이 맡은 인물의 존재 이유를 관객에게 설득시키고 퇴장을 해야 한다. 배우가 창조하는 인물은 오직 무대에서만 존재하고 퇴장하면 더 이상의 역할이 존재하지 않는다. 배우가 창조하는 인물은 실제 시간체계와는 아주 다른 인위적인 세계의 시간 속에 거주한다. 등장인물은 작품 안에서만 존재하기 때문이다. 등장인물의 감정을 제대로 표현하려면 등장인물에 대한 분석이 우선되어야 할 뿐만 아니라 정확하게 분석해야 한다. 배우는 한 사람이지만 등장인물은 여러 명이기에 형상화 과정은 고난할 수밖에 없다. 18세기의 프랑스 철학자 드니 디드로는 배우의 연기를 자연스럽게 보여줄수록 더욱 인위적일 수밖에 없음을 지적했다. 배우의 연기가 자연스러워지려면 기술적으로 처리해야 하는 연기의 모순을 얘기한 것이다. 배우는 연기하는 자신과 극 중 인물 간에서 발생하는 긴장관계를 적절하게 유지해야만 한다. 이러한 양면성은 무대 위의 배우에게 긴장감의 끈을 놓지 못하게 만든다. 그래서 연기술 혹은 액팅 테크닉에 의해 실제로 자연스러운 일상의 행동이 아닌 배우라는 예술가의 기술에 의해 표현되는 인위적인 행위임을 새삼 깨닫게 해준다.

질문에 관한 또 다른 질문 |

● 자신이 좋아하는 배우가 있다면 누구이며 그 이유는 무엇인가?

| 15 |

스태프들의 역할은 무엇인가?

연극제작에는 수많은 사람들이 참여를 한다. 그들은 각자의 역할을 맡게 되는데, 극작가, 연출가, 배우, 무대감독, 무대디자이너, 조명디자이너, 의상디자이너, 소품디자이너, 분장디자이너 외에 제작자와 기획자 등으로 구분할 수 있다. 배우와 제작자가 담당하는 역할은 비중이 매우 높지만 여기에선 연극 제작에 참여하는 스태프 중에서 극작가, 디자이너, 기획자를 중심으로 그들의 역할에 대해서 살펴보고자 한다. 스태프들의 공통점은 공연 준비 및 발표가 진행되는 동안에 보이지 않는 곳에서 제작에 참여하는 예술 종사자들이라는 점이다. 연극의 시작은 희곡이나 대본에서 출발한다. 이러한 희곡이나 대본, 다시 말해 드라마를 창작하는 예술가를 우리는 극작가라고 부른다. 문학적 측면보다는 공연을 염두에 두어 이야기를 구축했다면 대본작가라고 부를 수도 있다.

극작가는 새로운 이야기를 만드는 사람이다. 같은 태양 아래에서 혁신적인 이야기란 거의 없기 때문에 완전히 새로운 이야기를 창작한다는 게 가능할 수 있는지에 대해선 회의적이다. 그래서 극작가를 영어로 playwright라고 부르는 이유일 것이다. 연극 작품(play)을 쪼개고 붙이고 다듬으면서 이야기를 만드는(wright) 수공예인手工藝人이란 뜻이다. 인간의 본성은 시대와 국가와 인종에 따라 차이가 있으나 기본적으로는 거의 동일하다. 단지 우리가 살고 있는 환경의 조건이 변화하고 그에 따른 관습의 차이에 의해 개별적인 존재들의 욕망과 삶의 가치가 달라진다. 그러한 변화와 차이에 의해 작품의 제재 혹은 이야기 전개도 달라질 수밖에 없다. 극작가는 등장인물을 통해 인간의 본성과 삶의 가치 그리고 사회현상을 묘사하는 예술가이다. 이러한 극작가의 작업이 추구하는 근본적인 특성을 올바르게 이해하기 위해선 그들의 창작물에 대해서도 구분할 줄 알아야 한다. 극작가는 소설가 혹은 시인과 달리 세상에 대한 응답이거나 기록을 위해 글을 쓰기보다는 인간의 행동을 모방하여 재창조하는 예술가이다. 따라서 극작가들이 작품을 위해 사용하는 언어는 일상성을 추구하는 경향이 강하다. 그들이 창조하는 극 중 인물은 다양한 유형의 인간들이며 그러한 존재들에 대하여 극작가는 말투와 성격을 묘사하면서 갈등을 만들어 삶의 가치와 인간의 본성이 무엇인지를 깨닫도록 관객의 감성과 이성을 자극한다. 극작가는 소설가와 시인처럼 종이에 글을 쓰지만, 이러한 극 중 인물의 형상화를 위해 무대화를 전제로 작업을 한다. 이러한 창조 작업은 마치 작곡가와 비슷하다. 음표는 종이 지면에서 완료되는 게 아니라 오케스트라 혹은 개별 음악가들에 의해 연주될 때 비로소 완성되는 것이기 때문이다. 극작가의 작품은 대부분 무대공연에 의해 창작의 가치를 가늠하게 된다.

디자이너는 극 중 인물과 그들을 둘러싼 환경을 조성하는 예술가다. 모든 디자이너는 궁극적으로 배우를 부각시키기 위해 일하면서 최종적으로는 공연작품이 가장 효율적으로 드러날 수 있도록 도움을 주는 역할을 한다. 배우는 전통적으로 두 개의 삼면체로 구성된 무대에서 연기를 펼친다. 배우는 물리적인 극장건축의 공간에서 대사와 움직임을 통해 극 중 인물을 표현하기 때문에 디자이너가 조성한 무대장치와 조명, 의상, 소품 등의 보조가 필요하다. 디자이너는 배우의 감정과 신체와 상상력을 확장시켜주며 희곡이 요구하는 가상의 세계로 관객을 초대하는 예술가들이다. 이들은 극작가의 상상을 현실로 변환시켜 배우의 물리적 환경을 실제로 제공하는 창조자들이다. 배우는 스스로의 연기술로 어떤 인물을 표현할 수 있으나, 관객의 공감을 불러일으킬 정도로 오롯이 한 극 중 인물로 감정 이입하기가 쉽지 않다. 그럴 때에 무대, 조명, 의상 등과 관련된 디자이너들의 협조에 의해 배우가 원하는 극 중의 인물화化를 성취할 수 있다. 특히 무대 디자이너는 평면의 세계를 입체적인 현실 공간으로 재현하는 재능이 있다. 그것은 배우의 환경을 구축하고 작품의 흡입력을 강화시켜주는 중요한 기능을 제공하는 일이다.

한 편의 연극에 참여하는 디자이너의 종류는 광의적으로 극장디자이너theatre designer, 무대미술가scenographer, 공연디자이너production designer 등으로 구분되기도 하는데, 작품제작에 직접 참여하는 디자이너를 무대미술가로 총칭하여 사용한다. 무대미술은 연극의 시각적 환경을 조성하는 분야다. 무대디자인은 흔히 무대미술, 장면 디자인, 장치 디자인 혹은 프로덕션 디자인이란 용어로 혼용되기도 한다. 무대디자인은 연극은 물론 영화와 텔레비전 드라마의 모든 시각 요소와 관련된 창조 작업을 뜻하다. 무대의 시각화를 주도하는 무대 디자이너는 배경장치를 설치하여 무대 위의 물리적 시공간을 제공하는 작업을 하며 가상의 등장인물에게 현실 세계를 제공하는 역할을 한다. 무대디자이너는 공연작품의 환경을 창조하기 위해 연출가 및 제작에 참여하는 디자인 팀원들과 협력해야 한다. 그러한 환경의 세부적인 내용에 대하여 기술감독, 무대감독, 장면예술가, 소품제작자들과도 여러 차례에 걸쳐 논의를 하게 된다. 무대디자이너는 공연제작진들과 소통을 나누기 위한 방편으로 작품 배경을 위한 무대모형, 도면, 채색화 그리고 세부 설계도를 제작하는 책임이 있다.

조명 디자이너는 빛과 색으로 배우의 세계를 빛나게 해준다. 종종 어둠을 제공하여 배우의 퇴장이나 다음 장면의 전환을 도와주는 역할도 한다. 세상의 탄생에도 '빛이 있으라'하니 가능했다. 하루의 분기도 빛이 들어오고 나가는 것을 기준으로 한다. 무대의 생명도 조명이 비춰지고 꺼지는 것으로 작동되기 때문에 조명 디자이너의 중요성은 이 정도의 설명만으로도 충분할 듯하다. 무대의상 디자이너는 배우에게 참으로 중요한 존재다. 벌거벗은 배우가 무엇을 표현할 수 있을까. 1940년대 말에 창단하여 1970년대 중반까지 열정적이고 논란적으로 활동했던 리빙씨어터의 배우들은 공연할 때 자주 무대 위에서 알몸으로 등장했다. 이런 경우가 아니라면 일반적인 배우들은 늘 극중 인물의 시대, 계급, 환경, 나이, 직업, 성격을 보여주는 무대의상을 착용한다. 무대의상은 모자부터 신발과 액세서리 등을 포함한다. 무대의상을 제작하는 게 비용이 많이 들기 때문에 종종 대여하거나 가공하여 사용하는 경우도 있다. 어떤 경우든지 의상비에는 세탁비를 포함하는 경우가 대부분이다. 뜨거운 조명을 받으면서 흘린 배우의 땀과 분장할 때 묻은 화장 냄새로 장기공연을 할 때에는 필요한 만큼 세탁을 해줘야 한다. 물론 이것은 디자이너의 몫은 아니지만 누구나 알아야 할 상식이다.

연극의 기획자는 제작의 시작에서 최종 마무리까지 책임지는 존재들이다. 스태프 요원과 배우의 선발이 이뤄지기 전부터 활동하고 공연의 막이 내린 이후에도 일을 해야 하기 때문에 아마도 가장 많은 시간을 노동하는 사람들일 것이다. 연극제작의 초반에 필요한 예산편성, 홍보 섭외, 연습일정 등을 수립하며 연극제작의 중반에는 무대제작비용과 공연장 확보 및 홍보 마케팅의 모든 부분에 관여한다. 제작의 후반에는 공연 결과를 분석하고 예산 결산을 하는 등 A부터 Z까지 책임을 지게 된다. 순서상으로 보면, 공연의 예산 편성 → 공연작품 선정 → 공연사업 계획 → 공연장 대관 → 티켓가격 결정 → 제작진 구성과 배우 오디션/캐스팅 → 계약서 작성 → 제작 진행 → 홍보마케팅 진행 등의 순서로 준비를 하고 실무단계로 옮겨간다. 투자하는 시간과 노력에 비해 관객들에게 어필할 수 있는 부분은 그리 많지 않으나, 기획자가 일을 잘못하면 작품이 관객을 만나지도 못한 채 사장死藏되어 버릴 수 있다. 한 편의 연극작품에는 한 명의 기획자가 있을 수도 있고 여러 명이 될 수도 있다. 이들은 평소에도 공연시장의 동향을 살피며 관객의 기호와 성향을 조사하고 대중에게 어필할 수 있는 작품을 선정하는 걸 습관처럼 한다. 번역극의 경우에는 작품의 판권을 수입하거나 국내 창작 작품을 선정하기도 한다. 투자자와 협의 하에 공연일정 및 공연장소를 결정하고 예산을 책정하며, 출연배우와 제작인력을 관리하는 일도 한다. 일정 및 진행사항에 대하여 제작진과 협의하고 총괄하며 공연의 홍보 및 마케팅, 티켓 판매 업무를 지원한다. 공연기획서를 작성할 때에는 기획의도, 제작진, 배우, 티켓 세일에 관련된 마케팅, 기획일정, 공연분석, 예산 등에 따라 구성, 작성해야 한다. 기획자들은 연극행사의 홍보문구와 포스터 디자인에도 참여를 한다. 행사의 성격을 대중에게 어필하지 못하면 모든 기획과정이 수포가 될 수도 있기 때문이다. '연극열전'을 처음 시작할 때에 담배 문 꽁치들의 흑백사진으로 대중의 관심을 얻은 것도 기획의 대담성 때문이었다.[14] 연극 공연이 최종 마무리된 이후에는 공연결과보고서를 작성해야 하는데, 홍보, 마케팅, 티켓판매 내역과 작품에 대한 평가 등을 포함하여 전반적인 내용을 기록한다. 하는 일의 많은 부분이 금전적 여건과 관련을 맺고 있기에 숫자에만 민감할 것 같지만, 사실 기획자는 풍부한 감성과 책임감을 갖춰야만 한다. 공연제작팀과 관객을 효과적으로 연결시키기 위해선 산술적인 접근은 한계가 있을 수밖에 없으며, 관객의 발길을 공연장으로 옮기게 만드는 것은 감성으로 작동되기 때문이다. 여러 개성 있는 예술가들과 후원자 그리고 관객 사이를 맺어주기 위해선 기획자에게 신뢰성과 그에 따른 책임감이 필수적인 조건이다. 무에서 유를 창조하는 창조 작업에서 발생할 수 있는 문제를 예상하고 해결하면서 공연의 완성도를 지원하는 기획자는 말 그대로 무대 밖의 주인공이다.

질문에 관한 또 다른 질문 |

- 연극제작에 참여하는 스태프 중에서 가장 흥미를 느끼는 역할은 무엇이며, 이유는?

| 4부 |

연극의 감상과 상식에 관한 질문

니나 : 네, 무척이나요. 당신 어머니는 괜찮으세요. 그분은 두렵지 않지만 뜨리고린이 계시니…… 그분 앞에서 연기하는 게 무섭고 부끄러워요…… 유명한 작가니까요…… 젊은 분인가요?

뜨레쁠레프 : 네.

니나 : 그분 단편들은 정말 훌륭해요!

뜨레쁠레프 : (냉정하게) 모르겠어요. 읽지 않아서.

니나 : 당신 희곡은 연기하기가 어려워요. 그 속에는 살아있는 인물이 없어요.

뜨레쁠레프 : 살아 있는 인물! 인생은 있는 그대로 있어야만 하는 그대로 표현해서는 안 되고, 꿈속에서 상상하는 대로 표현되어야 합니다.

—안톤 체홉 <갈매기> 중에서

| 16 |
연극 감상과 비평가의 역할은 무엇인가?

예술을 감상할 때에 가장 위험한 것은 무엇일까? 아마도 '내가 뭐 좀 알고 있지!'라는 생각일 것이다. 약간의 지식을 가지고 있는 사람들에겐 여기저기에 감상을 방해하는 요소들이 도사리는 경우가 많다. 오죽 했으며 딱 한 권의 책을 읽은 이가 세상에서 가장 무서운 사람이라고 말했을까. 자기가 알고 있는 게 진리이자 참이고 모든 것의 기준이라는 믿음에 따라 왜곡과 편견의 시선으로 작품을 함부로 재단하기 때문이다. '뭐 좀 아는' 유형의 사람들은 무대 위의 장면을 보면서 어디선가 읽었거나 들었던 내용을 기억해내려고 할 것이다. 만약 소리와 신체와 심리의 관계에 관한 발성법을 들어보았던 어떤 관객이 열연하는 배우의 대사를 들으면서 '아주 괜찮은 링크레이터의 발성법이로구만!'이라고 생각한다면 그것은 올바른 감상이라고 할 수 없다. 감상은 발성의 기술 자체만 따지는 것이 아니라 대사의 의미와 그러한 장면의 분위기와 작품의 상관성 등에 대한 종합적 반응과 관계를 맺는다. 그렇다면 연극을 올바르게 감상하는 방법은 무엇일까? 때로는 비평적 안목에서 작품을 분석하려면 어떤 태도를 취해야 하는가? 진실로 순수하게 예술 활동을 감상하는 것은 가능할 것인가 등등의 의문이 생길 것이다. 감상은 개인의 취향에 따라 차별을 가질 수 있기에 넓은 의미에서 연극작품에 대한 감상의 자세와 요령에 대하여 스케치를 하듯이 살펴보기로 하자. 그러는 과정에서 연극 비평가들이 작품을 분석하는 태도와 그들의 역할에 대해서도 언급을 하게 될 것이다.

연극에 관련하여 주변에서 흔하게 듣는 반응 중에 하나가 '어렵다'이다. '연극은 어렵다'란 표현은 중의적이다. 연극 공연장의 위치를 알기 쉽지 않을 뿐만 아니라 공연 시간이 한정적이어서 공연을 관람하기가 어렵다는 뜻이다. 또 다른 차원의 어려움이란, 연극작품의 전달하려는 내용과 표현방식을 수용하는 일반 관객들이 곤란을 느끼는 감정이다. 즉 연극을 보러가기가 어렵고 이해하기도 힘들다는 것인데, 이러한 생각은 어디에서 비롯된 것일까. 허구의 이야기를 그럴 듯하게 구축하여 상연하는 텔레비전 드라마 혹은 영화를 감상하는 태도를 살펴보면 연극 감상의 특성에 대해 좀 더 쉽게 이해가 될 것이다. 대부분 연극 공연장의 좌석은 안락감을 주지 않는다. 음향의 잔향을 고려하여 목재와 천의 사용이 적절하게 적용되고 약간의 긴장을 유지할 수 있는 각도로 세워진 등받이 의자들이 설치되어 있다. 영화 상영관의 설비와 비교하면 푹신거리지도 않고, 음식물 섭취도 가능하지 않다. 물론 인터미션에는 로비에서 식음료 섭취가 가능하지만 공연 도중에는 결코 허용되지 않는다. 공연장에서는 공연 도중에 화장실을 갔다 올 수 없고 핸드폰도 사용할 수 없다. 이러한 이유의 답은 명확하다. 연극은 '살아있는' 예술이기 때문이다. 아니, 그렇다면 영화는 죽은 예술인가? 라고 의문할 것이다. 맞는 말이다. 영화는 과거의 예술이다. 과거의 어느 시점에서 촬영되어 편집된 후에 관객과 만나는 장르이다. 복제 가능하기에 여러 곳에서 동시에 관객과 만날 수 있다. 하지만 프린트 된 영화를 감상하는 사람은 연극의 관객처럼 작품과 직접적으로 교류, 반응할 수 없다. 극적 구조의 이야기로 관객의 감정과 정서와 사상을 자극하고 세계에 대한 다양한 관점을 제공한다는 유사성 외에는 감상의 방법과 그에 따른 반응은 전혀 다르게 작동된다.

연극은 현존의 예술이며 일회성의 특성을 가지고 있다. 재생적 반복이나 복제가 가능하지 못한, 살아있는 예술이기 때문에 공연 발표 장소가 제한되며 표현 방식은 양식적일 수밖에 없다. 특히 표현 방식에 대한 약속과 관례를 수용하지 못할 경우에 연극의 감상은 바르게 작동되지 않을 수도 있다. 연극은 인간의 감정이나 벌어진 사건,

혹은 일어날 것이라고 생각하는 사건들을 보여주는 예술이다. 우리가 연극을 감상하는 근본적인 이유는 실제 삶에서 벌어졌거나 발생할 수 있음을 무대에서 대리적으로 경험케 하여 삶의 질을 높여주기 때문이다. 무대 위에서 표출되는 웃음과 울음과 고통과 기쁨 등으로 관객에게 내재된 다양한 감정을 자극하고 확장시켜주는 배우의 연행의 기술도 감상의 대상이다. 극 중 인물의 성격과 행위를 '그럴듯하게' 묘사하는 배우의 연기술에서 감동을 받을 수 있다. 춤을 추는 무용수가 보여주는 난이도 있는 동작을 보면서 기쁨을 느끼는 것과 마찬가지이다. 운동선수의 경우와도 비교할 수 있다. 운동선수의 득점에만 환호를 보내지 않고 난이도 높은 기술을 보여줄 때 호응하고, 여러 선수의 협동에 의한 우수한 전술을 펼쳤을 때에도 관중들은 박수를 보내준다. 무대 위에서 허구의 극 중 인물을 그럼직하게 보여주는 배우의 연기술에 의해 관객들이 감탄하는 것도 같은 심정이다. 게다가 무대장치의 운용과 조명, 음향, 의상, 소품 간 앙상블이 작품의 분위기를 고양시킬 때에 관객들은 감동을 느낀다. 이처럼 종합예술인 연극을 보는 관객은 감상을 종합적으로 해야 한다.

원래 연극은 인간을 위한 활동으로 출발했으며 지금도 유효하게 작동되고 있다. 그런 측면에서 보자면 연극은 대중을 위한 진지한 놀이 혹은 유희라고 말해도 될 것이다. 영어로 연극을 'play'라고 부르는 이유다. 그런 연극을 감상하기가 어렵다는 생각은, 아마도 20세기 초엽에 등장한 실험극 부류들에 의한 것일 수도 있고, 서사적 표현에 중점을 두지 않고 표현의 확장을 시도하는 작품을 감상했기 때문일 수도 있다. 그럼에도 연극의 '재미'는 지적이면서 재치 있는 대사와 등장인물의 행동에 따라 인간의 사고방식과 법규에 대한 생각을 환기시켜줄 때에 일어난다. 이러한 생각과 감정은 궁극적으로 삶의 질과 관련을 맺고 있다. 배우와 관객 간 직접적인 교류에 의해 세계를 보는 다양한 관점을 갖는 것만큼 큰 즐거움이 어디 있겠는가. 관객의 눈앞에서 직접 펼쳐지는 '실연'과 무대와 객석 사이에서 감정과 사상이 '현장'에서 교류되는 것을 감상하는 그 자체가 연극의 매력이자 생명이 아닐 수 없다. 이러한 연극 감상은 기술적인 면에서 말하자면 종합적이고 창의적인 예술을 머리와 가슴으로 수용하는 활동이다. 복잡한 산술문제를 푸는 것과 다른 차원의 감상활동인 것이다. 심오하고 추상적인 철학문제 때문에 고민하는 활동과도 다르다. 어쩌면 공연예술이 무엇인지를 이론적으로 알고 실제 공연작품을 감상하더라도, 이것이 반드시 도움 되는 것은 아니다. 유기물질의 구성성분에 대해 잘 아는 사람일지라도 실제로 음식을 요리하는 것은 별개의 문제인 것과 마찬가지이다.

그렇다면 논리적으로 측정하는 기준이나 척도가 없는 연극을 분석하려면 어떻게 해야 할 것인가. 혹은 비평적 안목으로 연극을 감상하기 위한 방법은 무엇인가. 연극을 분석하고 비평하는 평론가들은 어떤 방식으로 작품에 접근하는가. 발생하면서 소실되는 현장 예술을 이론적으로 논의한다는 게 불가능한 일인가. 이런 궁금함이 생겨나는 것은 관객들에겐 자연스러운 일이다. 연극 작품을 감상하고 그에 따른 분석의 단계가 어떻게 이뤄지는지를 살펴보자. 먼저, 연극 작품을 어떻게 감상할 것인가란 문제를 다루기 위해 크게 두 가지 범주로 접근해본다. 첫 번째는 연극이 작동가능하게 만드는 언어들을 살펴보는 것이다. 흔히 연극언어라고 하면 우리는 일반적으로 배우들의 입에서 나오는 말spoken words을 생각하는 경향이 강하다. 배우들의 말이란 연극언어 중에서 가장 두드러지게 느껴지지만, 사실은 피터 브룩의 말처럼, '보이지 않는 거대한 조직 중에서 눈에 보이는 아주 미세한 부분'일 뿐이다. 일례로 석양이 지는 장면을 어떻게 말로 정확하게 묘사할 수 있겠는가? 사랑하는 사람의 마음을 말로 진솔하게 표현할 수 없듯이 배우의 대사만으로 연극을 감상하는 것은 한계가 있다. 사상과 감정을 전달하는 언어는 표정, 분위기, 침묵, 빛, 손짓, 움직임, 의상, 소품, 음악, 음향 등에 의해 다양하게 표현될 수 있다. 연극을 감상하면서 무대 위에 표현되는 모든 시청각적 요소를 장면의 상황과 연결하여 부합성의 여부를 살펴보는 것이다. 좋은 작품일수록 총합의 느낌이 편안하거나 앙상블이 이뤄진다면 표현의 완성도가 높다는 증거가 될 것이다. 마치 음악을 들으면서 어떤 부분에서 자신의 감정을 건드릴 때에 느끼는 기분처럼 무대 위의 장면으로부터 유사한 감흥을 받게 된다. 희곡과 대본 같은 텍스트는 관객의 수용에 의해서 작동될 수밖에 없다는 롤랑 바르트Roland Barthes의 주장처럼, 무대의 표현은 수용하는 관객에 의해 의미가 비로소 작동된다. 따라서 관객은 집중력이 요구될 수밖에 없으니 당연히 극장의 의자도 불편하고 음식물을 섭취할 수 없고 중간에 화장실도 갔다 올 수 없는 것이다.

연극을 감상하는 두 번째의 기준은 관객의 가치판단에 따라 작품의 우열을 스스로 판단해보는 방식이다. 자신이 선택하고 티켓을 구입하여 극장에 갔다면, 감상한 연극작품을 스스로의 관점에 따라 판단해보는 것이다. 연극 평론가들이 흔히 취하는 평가적 비평 evaluative criticism의 방식인데, 일간지와 잡지에 실리는 연극 관련 심층 기사들도 이러한 방식에 의해 서술되는 경향이 있다. 여러 연극의 공연작품을 감상하는 편이라면 작품 간 비교도 가능할 것이며, 극작가, 연출가, 배우, 스태프의 활동 경력을 살펴보면서 예술가의 성취도를 평가하는 방식으로 감상할 수도 있다. 이와 같은 방식의 감상방법은 평가적 태도를 취하기 때문에 전문적 안목과 지식이 요구되며, 객관적 태도를 견지하는 것이 중요할 수밖에 없다. 따라서 일반 관객이나 연극관련 전공 학생들이라면 '연극비평'이라기보다 공연 작품을 '비평적 감상'을 위한 자세로 접근하기를 권한다. 한 편의 연극을 비평적 안목으로 평가하기 위해선, 감상하기 전에 사전 준비가 요구된다. 프로그램을 통해서 작품의 의도와 특징을 살펴보고 참가진의 구성과 특이점을 점검하는 것이 바람직하다. 기본 정보의 습득은 공연 감상과 작품에 대한 평가에 도움이 되기 때문이다. 관객들이 해당 작품에 관심을 가지는 이유도 살펴봐야 하고 공연장의 환경에 대한 정보도 알아둬야 한다. 가능한 경우라면 극작가의 집필 의도와 활동경력 그리고 대본을 미리 읽어보는 게 감상활동에 도움이 된다. 물론 이러한 제안은 개인적으로 차이가 있다. 어떤 이들은 사전 정보가 많을수록 편견을 가질 수 있다는 우려로 대본 읽기를 나중에 시도하거나 기타 정보도 자세하게 수집하지 않을 수도 있다. 극장에 입장하면 비평 작업을 하기 위해서 무대 위의 예술가와 반응하는 관객의 태도 사이에 발생하는 '현장성'과 '상호작용'의 분위기에 유의해야 한다. 특히 공연작품은 시청각적 발현에 의미를 부여하기 때문에 작품의 내용과 비교하면서 감상해야 할 것이다. 배우의 발성과 대사, 표정, 움직임을 보면서 극 중 인물의 성격과 가치관 그리고 극의 목표와 부합한지를 가늠할 수 있어야 한다. 공연분석은 희곡이나 대본을 읽을 때와 다른 차원으로 작동된다. 우리가 지도를 보는 것과 실제로 오지奧地를 탐험하는 것은 엄청난 차이를 가지고 있다. 평면의 활자가 묘사하는 내용과 달리, 3차원의 공간에서 표현되는 장면은 물이 흐르듯이 매우 유동적이다. 정리하자면, '배우의 표현기술'과 '무대공간의 활용'과 '장치의 운용' 그리고 '조명, 의상, 소품, 분장 등 기타 재료의 사용'이 '작품의 줄거리와 중심사상과 연계된 조화'를 이루는 것인가를 판단해야 한다. 이러한 총합적인 표현양식에 대한 판단 여부는 때로는 배우들이 무대인사를 하는 커튼콜에서 어느 정도 헤아림이 가능할 때도 있다. 이 책의 부록에 연극비평과 공연에세이에 관한 예시 자료를 수록하였으니 참고하기 바란다.

질문에 관한 또 다른 질문 |

● 희곡분석과 공연분석의 차이점을 구체적으로 구분할 수 있는가?

| 17 |

씨어터와 드라마는 어떻게 구분하는가?

우리나라에서 '연극演劇'이라는 단어는 1900년대 초에 이르러서야 소개되었다. 이전에는 '놀이'와 '짓'이라는 말로 대신했던 연극은 1908년 원각사의 등장과 함께 신연극이 소개되면서 본격적으로 사용되기 시작했다. 무용의 경우처럼 '연극'이라는 일본식 표기가 우리에게 전해지면서 씨어터theater와 드라마drama 모두를 포괄하는 용어로 자리매김을 하여 지금까지 쓰이고 있다. 연(演)은 '펼치다', '실제로 행하다'의 뜻을 가진 단어로 무엇인가를 드러내어 보여주고 설명하거나 헤아리면서 실지로 통하게 해준다는 의미를 가지고 있다. 극(劇)은 호랑이(虍)가 덮치는 동작을 하고 있으며, 멧돼지(豚)는 이에 대항하는 격렬한 싸움의 형세를 묘사하고 있다. 그들의 옆에는 긴장을 느끼게 만드는 칼(刂)을 포함하여 총 15획으로 형성된 회의문자이다. 맹수들이 사나운 이빨과 날카로운 발톱으로 서로 죽일 듯이 싸우는 모습처럼 극 중의 인물들 사이에서 불거지는 갈등이 첨예해지고 사건의 전개가 손에 땀을 쥐게 만드는 것이 드라마라는 점을 깨닫게 해준다. 하지만 연극이라는 용어가 씨어터와 드라마의 구분에 있어서 제한적임에도 통상적으로 사용되고 있다는 점에서 불편하고 한편으로는 좀 불만스럽기도 하다. 드라마와 씨어터는 심정적으로는 유사한 뜻으로 사용하지만 실제로는 성격이 다르기 때문이다.

그렇다면 씨어터와 드라마는 어떻게 구분할 수 있을까? 먼저 씨어터라는 용어의 유래를 살펴보자. 씨어터는 고대 그리스 극장의 객석을 뜻하던 테아뜨론theatron과 깊은 관계를 가지고 있다. 테아뜨론은 '보는 장소'라는 뜻을 가지고 있어서 연극이라는 뜻과 함께 물리적 건축물인 극장을 지칭하는 단어로도 사용한다. 그런 반면에 드라마는 고대 그리스어로 '행동하다', '만들다', '완성하다'라는 뜻을 가진 '드란dran'에서 파생되어 '-ma'라는 명사어미와 혼합된 용어이다. 그리스 희곡을 영어로 표현하면 Greek drama로 표기하듯이 드라마는 협의적인 차원에서 보면 극작가에 의해 창작된 희곡이나 공연용 대본을 뜻한다.[15] 드라마는 허구의 등장인물의 행동에 의해 발생하는 갈등과 그에 따른 사건을 다루며 서사 방식으로 전달하는 장르이다. 특정한 극적 양식을 가지고 있으며 다양한 장르로 세분화된다. 고대 그리스 시대의 경우에는 비극, 희극, 풍자극으로 드라마를 구분하였다. 아리스토텔레스는 드라마를 비극과 동일시했다. 그에 따르면 드라마는 기승전결의 관계에 따라 사건이 전개되어야 하며 완결성을 가져야 한다고 보았다. 사건은 반드시 인과因果의 원칙에 의해 구축되고 등장인물의 갈등은 점층적으로 전개되면서 파국과 결말로 귀결되어야 한다. 공연 발표를 전제하는 대부분의 텍스트는 이러한 규칙에 의해 쓰인다. 그래서 희곡을 행동하는 문학작품이라고 부르는 것이다. 19세기 이후 드라마는 서사 양식과 극적 양식의 혼합체로 이야기를 재현하는 예술로 자리매김하였다. 주로 희곡은 상연을 전제로 쓰였고 공연화된 작품 또한 동일하게 드라마로 인식되기도 했다. 그러한 이유로 드라마는 희곡을 뜻하면서도 공연을 의미하기도 했다. 인간의 성격과 행동을 모방하여 마치 소설처럼 꾸며낸 허구의 이야기를 다루어 관객을 대상으로 실연하면 드라마의 요건이 충족된다. 20세기에 들어와서 '라디오 드라마'와 '텔레비전 드라마' 혹은 '역사 드라마' '추리 드라마' '순정 드라마'처럼 연극적 구조를 취하는 전개 방식을 구분하면서 드라마의 영역이 확대되었다. 하지만 우리는 라디오 연극이라고 말하지 않는다. 드라마이지만 현장성과 상호작용이 결핍되었기 때문이다. 텔레비전 연극이라는 게 영 편치 않은 이유도 마찬가지이다. 따라서 우리가 통상 사용하는 연극은 씨어터를 대리하는 단어임을 알게 해준다.

20세기 이후 희곡 텍스트가 해체되고 문학성이 약해지면서 공연성이 강조되는 현상을 보이자 드라마와 구별하기 위해 씨어터라는 용어의 사용이 증가하였다. 희곡이나 대본을 읽는 행위와 연극 공연을 관람하는 것은 다른 차원의 경험이다. 대상에 대한 접근 태도와 수용 방법에서 차이가 크기 때문이다. 희곡과 대본을 읽는 행위가 작품을 이해하고 공연될 내용을 상상하는 경험이라면, 한 편의 공연을 보는 것은 완성된 연극을 종합적 결과물로 접근하는 체험인 것이다. 이러한 관점에서 대사 중심의 들려주는 연극이 드라마라고 한다면 퍼포먼스 위주의 시청각적 요소에 강세를 둔 연극을 씨어터로 분류하는 게 당연한 태도가 아닐까 생각한다. 연극이 가진 현장성과 상호작용성, 즉흥성 등의 연극성이 부각되는 공연작품들이 증가하면서 예전보다 드라마와 씨어터의 구분이 좀 더 명확해진 것은 사실이다. 한편으로는 드라마와 씨어터가 모두 연극으로 통용되고 있기 때문에, 용어 사용에 대한 공론의 장이 필요해 보인다. 최근에 들어서 퍼포먼스 혹은 씨어터, 드라마로 구분하여 사용하는 경우들이 있어서 자연스럽게 분류가 이뤄지리라는 기대도 생긴다.

질문에 관한 또 다른 질문 I

● 씨어터와 드라마가 개인과 사회에 기여하는 순기능은 무엇인가?

| 18 |

뮤지컬씨어터와 연극은 어떻게 다른가?

연극은 일반적으로 서사적 방식에 의해 구축된 이야기를 들려주고 보여주는 예술이다. 극 중의 인물들은 일상적 언어를 사용하여 대화체로 사상과 감정을 표현하며, 몸짓이나 신체의 이동을 통해 갈등의 고조 혹은 감정의 상태를 보여준다. 그런 반면에 뮤지컬은 대사를 사용하면서도 등장인물의 중요한 감정이나 사상을 표현할 때에는 노래와 율동을 혼합한 방식으로 이야기를 전달한다. 이러한 표현 방식의 특성으로 연극은 재현적representational이며 뮤지컬은 제시적presentational이라고 구분할 수 있다. 현실의 모습을 보여주려는 방식에 있어서 연극은 되비추듯이 반영하지만 뮤지컬은 춤과 노래를 통해 감정이나 상황을 제시하기 때문이다. 현실에서는 골목 깡패들이 구역싸움을 하면서 노래와 율동과 함께 노래를 부르지 않는다. 하지만 <웨스트사이드 스토리>에서는 그렇게 화려한 율동과 아름다운 노래로 감정과 사상을 표현한다. 현대의 가장 대중적인 연극 양식인 뮤지컬은 일반적으로 18세기 초반에 영국의 런던에서 태동된 것으로 알려진다. 대중의 웃음을 친숙하게 유도하면서 인기를 끌었던 존 게이John Gay, 1685~1732의 <거지 오페라>(*The Beggar's Opera*, 1728)가 현대 뮤지컬의 시초가 되었다.

뮤지컬이란 명칭은 뮤지컬코미디에서 출발되었다. 19세기 중반 경에 규모가 작은 오페라가 등장했다. 당시에는 뮤지컬이라는 개념이 없었기에 발라드 오페라ballad opera 혹은 오페레타operetta라고도 혼용하여 불렀다. 흔히 희가극이나 경가극으로 알려진 오페레타가 코미디 양식과 혼합되면서 오페라도 아니고 전통적인 연극도 아닌 새로운 양식으로 등장한 것이 뮤지컬코미디musical comedy이었다. 노래와 춤과 익살적인 대사가 섞인 방식으로 낙관적인 주인공과 그들의 행복한 결말을 즐겁게 보여주었다. 뮤지컬코미디는 상업적이고 오락적인 분위기가 좀 더 부각이 되는 양식이었다. 점차 시간이 흐르면서 뮤지컬코미디에 연극 형식이 가미되었다. 여전히 유쾌하고 발랄한 분위기를 유지하였으나 극적 갈등이 강화되는 작품들이 나타났다. 드라마의 전개가 종종 진지하고 등장인물의 성격 구축에 있어서 연극성이 강조되었으나 결정적인 장면이나 작품의 전반적인 분위기는 노래와 율동에 의해 진행되는 뮤지컬플레이musical play가 등장하게 되었다. 미국의 1930년대에서 1950년대 사이에 발표된 대부분의 뮤지컬 작품들, <아가씨와 건달들>, <오클라호마>, <회전목마> 등이 이러한 유형에 속한다.

연극적 요소가 강조되었으나 여전히 흥겨움을 유지하던 뮤지컬플레이와 달리, 새로운 분위기의 뮤지컬이 선을 보이기 시작했다. 종교, 전쟁, 권력, 자본 등과 관련된 비장하고 심각한 소재와 주제를 다루는 뮤지컬이 관객들에게 어필하기 시작한 것이다. <미스 사이공>, <선셋블로바드>, <오페라의 유령> 등의 뮤지컬이 대중의 인기를 얻으면서 공연성의 비중이 높아지자, 뮤지컬플레이와 구분하기 위해 뮤지컬씨어터musical theatre라는 용어를 사용하게 되었다. 하지만 2000년대 이후 뮤지컬 작품의 성격을 세세하게 구분하여 설명하려는 태도가 명확하지 않아 보인다. 장르의 구분에 크게 의미를 두지 않는 분위기다. 쟈크 헤임Jacques Heim이 창단한 '디아볼로'처럼 노래와 춤과 영상이미지를 사용하는 융복합 예술단체들이 해마다 증가하고 있으며, 예술의 영역 간 구분 또한 급속하게 엷어지거나 모호해지고 있다. 연극 같기도 하고 무용처럼 느껴지지만 미술 장르이기도 한 예술작업들이 많아질 것이다. 갑자기 영문도 모른 채 무슨 장르인지를 굳이 물어볼 필요가 없이 공연을 보는 시대가 되어버렸다.

연극이라는 용어를 씨어터로 구분할 때에는 공연성이 강조되는 경향을 보인다. 따라서 뮤지컬씨어터는 연극과 마찬가지로 현실에서 일어났거나 일어남직한 사건을 통해 인간의 경험을 확장시켜주는 특성을 유지하고 있다는 점에서 광의적으로 연극이라고 불러도 될 것이다. 이러한 분위기로 인해, 우리는 일반적으로 오페라 '가수'라고 부르고 뮤지컬에서 활동하는 연기자들을 '배우'라고 구분하고 있다. 오페라 배우와 뮤지컬 가수라는 말이 어색한 것은 사실이지만, 누가 알겠는가. 오페라 분야에서도 음악적 재능이 뛰어나면서 동시에 뛰어난 연기를 보여주는 예술가들이 많아지면 언젠가 오페라 배우(연행자로서의 배우라는 의미이겠지만)라고 부르게 될지도 모른다. 연극이든 뮤지컬이든 모든 관극의 경험은 인간의 감정과 사상을 자각시키면서 우리에게 주어진 본성을 깨닫도록 자극한다. 그러한 감상 활동을 통해 우리는 궁극적으로 삶을 건강하게 유지할 수 있게 된다. 이것이 뮤지컬씨어터의 힘이면서 연극이 존재하는 이유일 것이다.

질문에 관한 또 다른 질문 |

● 뮤지컬과 연극의 관객들 사이에서 발생하는 감상 태도의 차이는 무엇인가?

| 19 |

알아둬야 할 연극작품들은 무엇인가?

연극전공자뿐만 아니라 교양을 갖춘 일반인이라면 알아야 할 연극작품들은 양 손가락을 여러 번 꼽아도 한참이나 부족할 것이다. 그럼에도 연극을 이해하고 무대 제작에 참여할 의욕이 있는 사람이라면 최소한 이 정도의 작품은 읽어둬야 할 것이라고 생각하면서 목록을 정리해본다. 시대별로 희곡의 가치를 보여주거나 뛰어난 작가의 세계를 담고 있는 작품과, 연극의 기능과 역할을 확장시켰다고 평가받는 작품들을 주관적인 관점에서 선택하였다. 대부분의 작품들이 우리에게는 고전으로 알려진 것들이지만, 서사성에 중심을 두던 연극의 방식이 신체와 이미지 중심으로 축을 옮기는 데 기여한 작품들에도 많은 관심을 두었다. 그 중에서도 지금까지 자주 공연되는 작품을 우선순위로 골랐다. 특히 연극사에서 소재와 주제에 대하여 주목을 받았거나 새로운 표현양식의 확장을 자극했던 작품들도 살펴보고자 했다. 순전히 개인적인 관점이지만, 여기에 소개된 작품들은 줄거리와 등장인물의 면면을 구체적으로 알지 못하더라도 최소한 '아! 이 작품은 나도 알아.' 그리고 '이런 내용이잖아!'라는 정도 이상의 반응은 나와야 하지 않을까. 작가와 작품에 대한 간략한 정보를 아래와 같이 추려서 정리해본다.

아이스킬로스 〈아가멤논〉(*Agamemnon*) | 알려진 희랍의 극작가 중 가장 연장자인 아이스킬로스Aeschylus, 525~456 BC는 아트레우스 가문의 비극을 소재로 한 오레스테스 3부작 <아가멤논>, <제주를 바치는 여인들>, <자비로운 여신들>을 발표했다. 아가멤논은 아트레우스의 아들이며 당시 그리스 군의 총사령관으로 친딸을 희생양으로 삼으면서 자신의 아내로부터 증오를 받는 인물이다. 예언자 카산드라를 포로로 잡아서 돌아오지만 전쟁의 영웅 아가멤논은 아내 클리타임네스트라에 의해 살해당한다. 카산드라는 이런 사실을 미리 알고 있지만 아가멤논을 설득하지 못하고 자신까지 죽고 만다. 복수는 끝없이 순환된다는 진리를 보여주는 작품이다. <아가멤논>을 포함한 아이스킬로스의 작품은 후대의 작가들에게도 영향을 끼쳤는데, 유진 오닐의 <상복이 어울리는 엘렉트라>가 그러한 사례의 하나다.

소포클레스 〈오이디푸스 왕〉(*Oedipus Rex*) | 자신의 아버지이

자 테베의 왕 라이오스를 죽이고 어머니 이오카스테를 아내로 맞이한 오이디푸스의 이야기를 다룬 고대 그리스의 비극으로 작가는 소포클레스Sophocles, 496~406 BC이다. S. 프로이트는 남자아이가 부친을 증오하고 어머니에 대한 무의식적 애착을 보이는 심리적인 반응을 '오이디푸스 콤플렉스'라고 불렀다. 소포클레스의 다른 작품 <엘렉트라>는 아버지 아가멤논을 죽인 어머니 클리타임네스트라와 그녀의 정부 아이기스토에게 복수를 실행하는 딸 엘렉트라에 대한 이야기를 담고 있다. 이 작품의 여주인공에 의해 어머니를 증오하면서 아버지에 대한 애착을 보이는 경우를 '엘렉트라 콤플렉스'라고 부른다. <오이디푸스>와 <엘렉트라>를 세트로 읽어보면, 세상에서 가장 무서운 전쟁터는 산과 들이 아니라 거실과 안방임을 절실하게 느끼게 된다.

에우리피데스 〈메데이아〉(*Medea*) | 콜키스 출신의 메데이아는 국보인 황금모피를 사랑하는 남자 이아손에게 바치고 남동생의 몸을 절단하면서 애정의 도피를 시도했다. 그렇게 자신의 모든 것을 바친 남자의 배신에 대한 복수로 사랑하는 아이들을 죽이는 비통한 신세가 되고 만다. 자신의 남편 앞에서 아이들을 죽일 수밖에 없었던 한 여인의 처참함을 돌이켜보면 작품의 밑바닥에 흐르는 인간의 격정적인 애욕과 질투 그리고 당시 사회의 신분 차별을 엿볼 수도 있다. 에우리피데스Euripides, c. 480~406 BC가 남녀 관계의 애증에는 사회적 조건이 큰 영향을 끼친다는 점을 강조하기 위해 작품을 발표한 것은 아니었다. 그럼에도 남성의 가부장적 행동에 대한 경종을 울리는 이러한 작품은

3천여 년이 지났음에도 오늘날까지 뜨거운 소재임을 입증하고 있으며 현대 관객에게도 제법 울림이 클 것이다.

셰익스피어 〈햄릿〉〈*Hamlet*〉, **〈리어왕〉**(*King Lear*), **〈한여름 밤의 꿈〉**(*A Midsummer Night's Dream*) **|** 윌리엄 셰익스피어William Shakespeare, 1564~1616라는 이름을 모르는 사람은 없을 것이고, 고민형 인간의 종말이 어떻게 되는지를 보여주는 <햄릿>과 잘못된 판단에 의해 자식까지 모두 잃어버리는 <리어왕>도 널리 알려져 있다. 요정의 장난에 연인들이 잘못된 짝짓기로 한바탕 유쾌한 소동이 벌어지는 이야기 <한여름 밤의 꿈>을 모르는 이는 더욱 없을 듯하다. 알아둬야 할 셰익스피어의 작품들은 여기에 소개한 3편뿐만 아니라 <로미오와 줄리엣>, <오셀로>, <맥베스>, <베니스의 상인>, <말괄량이 길들이기>, <헛소동>, <줄리어스 시저>, <베로나의 두 신사>, <겨울이야기>, <템페스트> 등 다수가 있다. 전 세계에서 가장 많이 공연되는 연극들은 셰익스피어의 작품들이다.

몰리에르 〈인간 혐오자〉(*The Misanthrope*), **〈수전노〉**(*The Miser*) **|** 본명은 장 밥티스트 포클랭Jean-Baptiste Poquelin이며 공연을 발표할 때에는 몰리에르Moliere, 1622~1673라는 필명을 사용했다. <인간 혐오자>는 1666년에 발표되었으며 <수전노>는 1668년에 공연이 되었다. 도덕적 결벽증을 가진 알세스트가 주변의 혐오스러운 인간들과 좌충우돌하면서 일어나는 이야기를 다루는 게 <인간 혐오자>라면, <수전노>는 알파공이라는 돈밖에 모르는 주인공과 그의 아들과 딸 사이

에서 벌어지는 에피소드를 보여준다. 몰리에르의 작품은 당대의 풍속을 보여주는 듯하지만 시대를 뛰어넘는 인간의 보편적인 본성을 적나라하게 지적하고 있다. 몰리에르의 작품이 현대에서도 공연되는 이유일 것이다.

프리드리히 실러 〈떼도적〉(*The Robbers*) | 낭만주의 사조를 촉발시켰던 '질풍노도' 운동의 대표적인 작품으로 알려진 <떼도적>은 독일의 극작가 프리드리히 실러Friedrich Schiller, 1759~1805에 의해 쓰였다. 모오르 백작에게는 세상에 대한 가치관이 전혀 다른 두 아들이 있고 이 두 형제는 당연하게 적대적으로 대립될 수밖에 없는 관계다. 동생 프란츠는 형을 내쳐서 권력을 잡고, 형 카알은 도피하다가 도적이 되어 망신창이가 되는 상황에 빠진다. 선과 악의 대립처럼 드라마틱한 구조는 연극을 흥미롭게 만드는 최고의 양념이다. 이 작품의 제목을 국내에서는 <군도>로도 소개하고 있다. 실러의 또 다른 작품으로는 <마리아 슈투아르트>(*Maria Stuart*)와 <간계와 사랑>(*Intrigue and Love*)이 있다.

헨릭 입센 〈인형의 집〉(*A Doll's House*), 〈유령〉(*Ghosts*), 〈공공의 적〉(*An Enemy of People*) | 노르웨이 태생의 헨릭 입센Henrik Ibsen, 1828~1906은 '사실주의 연극'과 '모더니즘 연극'을 얘기할 때에 빠질 수 없는 극작가이다. <인형의 집>은 여성의 지위에 영향을 끼쳤으며, <유령>은 빅토리아 시대의 허위적인 도덕성을 들춰보는 작품이었으나 궁극적으로는 유전자의 영향이 후대에 어떻게 영향을 끼치는지를

탐구한 작품처럼 회자되기도 했다. <공공의 적>은 <유령>이 발표된 후에 대중 사이에서 불거진 논란에 답하기 위해 쓰인 것으로 알려지고 있다. 그가 발표한 작품들은 주로 '세상에서 가장 강한 자는 홀로 굳건하게 버티는 사람'이라는 주제의식이 강하게 나타난다.

아우구스트 스트린드베리 〈줄리아가씨〉(*Miss Julie*) | 스웨덴 출신의 극작가 아우구스토 스트린드베리August Strindberg, 1849~1912는 약 60여 편의 희곡을 집필한 것으로 알려지고 있다. 그 중에서 1888년에 집필된 <줄리아가씨>는 상연 금지 조치로 인해 1906년이 되어서야 공연이 가능했다. <줄리아가씨>에는 오직 3명의 등장인물(줄리, 장, 크리스틴)에 의해 사랑과 도덕과 계급의 관계가 결국에는 죽음으로 묶여진다는 점을 보여준다. 특히 주인공 줄리는 귀족과 평민 사이에서 태어났고, 남성을 혐오하면서 사랑을 하는 이율배반적인 모습으로 묘사된다. 내면의 불일치와 환경의 부조화는 그녀의 분열적인 욕망으로 점화되면서 결국 스스로 목숨을 끊고 파멸하는 방법을 선택하면서 연극이 끝난다.

안톤 체홉 〈바냐 아저씨〉(*Uncle Vanya*), 〈벚꽃동산〉(*The Cherry Orchard*) | 러시아의 극작가 안톤 체홉Anton Chekhov, 1860~1904의 등장인물들은 격정적인 삶을 살지만 큰소리로 외쳐대거나 과장된 행동을 취하지 않는다. 차분하게 말하지만 결단력 있는 행동을 취하지 않는다는 공통점을 보여준다. 오직 땅을 가꾸며 살던 바냐 아저씨는 오만한 세레야코프 교수를 향해 총을 쏘지만 진짜 죽이기보다는 협박 정

도일 뿐이다. 국내에 알려진 체홉의 다른 작품으로는 <갈매기>(*The Seagull*)와 <세 자매>(*Three Sisters*)가 있으며, 단막극으로는 <청혼>(*A Marriage Proposal*), <곰>(*The Bear*), <결혼>(*The Wedding*) 등을 꼽는다.

막심 고리키 〈밤주막〉(*The Lower Depths*) | 사회주의 리얼리즘 극작법을 구축한 것으로 알려진 막심 고리키Maxim Gorky, 1868~1936의 작품에는 소수의 특정한 주인공보다는 다양한 군상들이 등장하는 경향을 보여준다. 대부분의 등장인물들은 밑바닥에서 삶의 무게에 짓눌린 인간들인데, 사연 많은 이들에 의해 싸움과 소란스런 대사들이 무대 위를 채우는 편이다. 알려진 또 다른 고리키의 대표 작품으로는 '러시아 삶으로부터의 장면들'이라는 부제를 단 <밑바닥에서>(*The Lower Depths*)가 있다.

게오르크 뷔히너 〈보이체크〉(*Woyzeck*) | 게오르크 뷔히너Georg Buchner, 1813~1837는 23살의 나이에 요절한 독일의 극작가로 그의 대표적인 작품은 <보이체크>이다. 미완성의 작품으로 남겨졌으나 후대의 작가들에 의해 여러 편의 완결작으로 공연되었으며, 1921년에 게오르그 위트콥스키Georg Witkowski의 대본을 기준한 제목의 철자와 내용이 현재 사용되고 있다. 가난한 프란츠 보이체크와 그의 동거녀 마리, 그리고 잘생긴 군악대장의 심리적 갈등과 그에 따른 파멸적인 결과를 묘사하고 있다. 남녀의 관계 외에도 사회계층의 불합리와 가난과 노동, 육아 등의 주제를 포함하고 있는 작품이다.

루이지 피란델로 〈작가를 찾는 여섯 명의 등장인물〉(*Six Characters in Search of an Author*) | 이탈리아 시칠리아 출신의 피란델로Pirandello, 1867~1936를 주목받는 극작가로 알려지게 만든 작품은 <작가를 찾는 여섯 명의 등장인물>이다. 1921에 초연된 이 작품은 현실과 환상, 실제와 허구, 가능과 불가능, 세상과 예술 등의 대립을 실험하는 분위기를 조성하면서 전통적인 연극의 관습을 폐기하려는 듯한 인상을 준다. 연극을 연극으로 보여주려는 시도는 마치 인간이 인간임을 증명하려는 자기 해체의 역설처럼 느껴지기 때문이다.

유진 오닐 〈밤으로의 긴 여로〉(*Long Day's Journey into Night*) | 뉴욕의 한 호텔에서 태어나고 보스턴의 한 호텔에서 사망한 오닐Eugene O'Neill, 1888~1953은 1930년대에서 50년대까지 미국의 대표적인 극작가로 활동하면서 노벨문학상과 드라마 부문에서 퓰리처상을 수상했다. <밤으로의 긴 여로>는 타이론 집안을 배경으로 상처받은 인물들을 묘사하고 있다. 오닐의 자전적인 희곡이자 대표작으로 알려지고 있으며 1941에서 42년 사이에 집필되었다.

손톤 와일더 〈우리 읍내〉(*Our Town*) | 1938년에 미국 맥카터 극장에서 초연된 손톤 와일더Thornton Wilder, 1897~1975의 <우리읍내>는 뉴햄프셔에 위치한 가상의 작은 동네를 배경으로 살아가는 사람들의 이야기를 11년이라는 극 중 시간을 통해 묘사하는 작품이다. 이 작품이 공연될 시기의 미국에는 사실주의 연극이 주종을 이루고 있었으나 와일더는 해설자로서 역할을 맡는 무대감독을 등장시키고 무대의 배

경장치를 미니멀리즘 분위기로 묘사하면서 당시 무대표현의 확장을 자극했다.

베르톨트 브레히트 〈억척어멈과 그녀의 자식들〉(*Mother Courage and Her Children*) | 베르톨트 브레히트Bertolt Brecht, 1898~1956는 서사적 기법을 자신의 작품에 적용하였으며 <억척어멈>에서 적극적으로 사용하였다. 억척어멈이 전쟁을 경험하면서 자신의 두 아들과 딸을 잃게 되는 상황을 보여주는 작품이다. 아리스토텔레스의 연극양식을 거부한 브레히트의 서사극을 대표하는 작품이다.

장 주네 〈하녀들〉(*The Maids*) | 장 주네Jean Genet, 1910~1986는 프랑스 파리에서 태어나 파란만장한 삶을 살다가 서른 나이에 요절한 극작가이다. 태어나고 죽을 때까지 삶의 고난함을 경험했으며 글로써 그런 고통과 저항을 표현하고자 했다. 극 중 인물 '솔랑쥬'와 '클레르'의 연극놀이로 진행되는 <하녀들>은 인간의 엉킨 여러 감정의 의식을 한꺼번에 녹여냈을 때 어떤 결과가 일어나는지를 보여주는 작품처럼 느껴진다. <하녀들>은 장 주네가 20세기 최고의 전위적이고 문제적인 작가임을 인증하는 작품이다.

테네시 윌리엄즈 〈욕망이라는 이름의 전차〉(*A Streetcar Named Desire*) | 미국의 극작가 윌리엄즈Tennessee Williams, 1911~1983의 작품에는 이방인이나 낙오자 등 연민의 감정을 불러일으키는 인물들이 종종 등장한다. <유리동물원>의 로라, 톰, 그리고 아만다가 바로 그런 인물이며, <뜨거운 양철 지붕 위의 고양이>에서는 브릭과 매기의 정서

가 미국 남부의 끈적한 열기처럼 묘사된다. <욕망이라는 이름의 전차>에서도 블랑쉬와 스텔라 자매를 두고 마초적인 스탠리의 언행을 통해 세상과 한 발자국 떨어져 있는 주인공들의 욕망, 갈등, 외로움, 곤경 등을 만날 수 있다.

아서 밀러 〈세일즈맨의 죽음〉(*Death of a Salesman*), 〈다리에서 바라본 풍경〉(*A View from the Bridge*) ❙ 20세기 미국의 위대한 극작가로 알려진 아서 밀러Arthur Miller, 1915~2005의 대표작은 한 편만을 꼽을 수가 없다. <모두가 내 아들>, <시련>, <밤으로의 긴 여로> 외 다양한 희곡, 시나리오, 라디오 극본 중에서 개인적으로 <세일즈맨의 죽음>과 <다리에서 바라본 풍경>을 선택하였다. 그 어떤 작품보다도 미국과 미국인의 정체성을 엿보게 해주는 작품이기 때문이다.

외젠느 이오네스코 〈대머리 여가수〉(*The Bold Soprano*) ❙ 루마니아에서 태어났으며 1940년대 이후 프랑스 파리에서 이오네스코Eugene Ionesco, 1909~1994 특유의 연극을 선보이기 시작했다. 기존 연극에 반감을 가진 그는 베케트, 장 주네 등 여러 극예술가와 '반연극'을 시도했다. 대머리 여가수가 전혀 등장하지 않는 <대머리 여가수>는 약간 정상적이지 않은 등장인물들과 갈등이나 사건 없이 이야기가 진행되는 연극이다. 이오네스코는 <대머리 여가수>를 통해 언어는 소리가 되고 의미는 의미 없음이 되는 부조리한 세상을 보여주려고 했다. 기존 연극 문법을 파괴하기 위해 부조리함을 보여준 작품으로 기록되고 있다.

**사무엘 베케트 〈고도를 기다리며〉(*Waiting for Godot*) | **아일랜드 출생의 작가인 베케트Samuel Beckett, 1906~1989는 1949년에 집필을 시작했으나 극장 대관을 할 수 없어서 1953년이 되어서야 첫 공연을 할 수 있었다. 서사 중심의 전통적인 연극 관습을 폐기하고 새로운 연극 언어를 시도한 작가와 작품으로 평가된다. 등장인물도 많지 않으며 무대장치에 들어가는 금액도 크지 않았지만 <고도를 기다리며>의 공연이 끝나자 20세기의 연극은 베케트의 작품으로 새로운 세상이 되었다.

**프리드리히 뒤렌마트 〈노부인의 방문〉(*The Visit*) | **스위스 출신의 극작가 뒤렌마트Friedrich Durrenmatt, 1921~1990는 2차 세계대전을 경험하면서 부조리한 세상을 목격한 탓인지 권력과 죽음에 관해 고심하는 <노부인의 방문>(1956)과 같은 희비극을 발표했다. 과거에 자신을 임신시키고 내팽개친 남자를 죽이기 위해 엄청난 금액으로 마을사람들의 마음을 사는 한 노부인의 이야기를 통해 인간의 이중적인 모습을 묘사했다.

**에드워드 올비 〈동물원이야기〉(*The Zoo Story*) | **에드워드 올비 Edward Albee, 1928~ 는 미국의 극작가이며 <누가 버지니아 울프를 두려워하랴?>(1962)를 발표하면서 미국 연극의 대표적인 극작가가 되었다. 올비의 처녀작이자 단막극 <동물원이야기>(1959)는 독일 실러 극장에서 초연되었으며, 인기를 얻게 되자 미국의 오프브로드웨이 무대에서 다시 공연되었다. 극 중 인물의 이름을 따서 '피터와 제리'라

는 원제목이었던 <동물원이야기>는 부조리극으로 분류된다. 하지만 미국 관객의 성향으로 인해 유럽을 기반으로 활동하는 부조리작가들과 달리 사건이 비교적 인과적이고 허무주의적인 성격이 도드라지지는 않는다. 2004년에 2막극으로 변형되고 등장인물이 추가된 <동물원이야기>가 공연되었다.

토니 커쉬너 〈미국의 천사들〉(*Angels in America*) | 토니 커쉬너Tony Kushner는 1956년에 태어난 미국의 극작가로 <미국의 천사들>로 널리 알려졌다. 1980년대 중반 미국 사회의 첨예한 문제들, 예를 들어서 동성애, 에이즈, 인종문제 등을 거론하면서 사회적 반향을 일으켰다. 미국인들이 가지고 있는 문제를 무대에서 적나라하게 보여주면서 토니 커쉬너는 퓰리처상을 수상하고 일약 주목받는 극작가로 떠올랐다. 2013년에 미국 대통령 오바마로부터 국가예술훈장을 수여받을 정도로 드라마 분야의 발전에 기여하였다.

질문에 관한 또 다른 질문 |

- 여기에 소개한 내용 외에 기억해야 할 외국 극작가들과 그들의 작품들은 무엇인가?

- 연극전공자라면 최소한 알고 있어야 할 국내 극작가들과 그들의 작품은 무엇인가?

| 20 |

커튼콜의 의미는 무엇인가?

연극의 마지막 장면이 끝났다. 주인공의 이상이 실천되든지 아니면 좌절되어 상심하거나 죽음을 맞이하는 장면을 상상을 해보자. 막이 닫히거나 조명이 꺼지면서 무대와 객석이 잠시 어둠의 공간이 된다. 그 짧은 침묵과 어둠의 순간에도 관객의 머릿속에는 조금 전까지 감상했던 연극의 여러 장면들의 여운이 여전히 남아 있다. 어떤 관객은 감동을 털어내지 못했는지 턱을 괴어 주인공의 대사를 곰곰이 되살려보고 있을 것이다. 어떤 관객은 자신이 보았던 장면이 믿겨지지 않았는지 옆 사람과 얘기를 나누면서 서로의 생각을 교환하고 있을지도 모른다. 이런 모습은 연극이 끝난 뒤에 객석에서 종종 목격할 수 있는 풍경들이다. 공연이 끝났음에도 대다수의 관객들이 객석에서 일어나 밖으로 나가지 않는다. 한 가지 연극의 중요한 관습이 남아 있기 때문이다. 잠시 후 조명이 밝아지면 출연했던 배우들이 인사를 하기 위해 다시 무대 위에 등장한다. 관객의 박수 소리가 극장을 가득 채운다. 공연작품이 인상 깊었다면 박수 소리는 평소보다 더 크게 배우의 살갗과 심장을 건드릴 것이다. 배우의 재능을 증명하는 소리이며 제작진의 노고가 기쁨으로 보상받는 순간이기도 하다.

이러한 장면은 연극의 오래된 관례이며, 무대 위에서 열연을 펼쳤던 배우들의 무대인사로, '커튼콜curtain call'이라고 부른다. 때로는 '워크다운walkdown' 혹은 '최종 인사final bow' 등으로 부르기도 한다. 커튼콜이라는 이름이 붙여진 유래는 아마도 배우들의 마지막 인사가 끝나면 막이 닫혔기 때문이었을 것이다. 워크다운은 연극작품에 출연했던 배우들이 인사를 할 때에 무대 앞쪽down stage으로 걸어 나오는 관례에 따라 붙여진 용어라고 짐작할 수 있다. 연극작품의 예술적 완성도가 높고 관객들에게 깊은 감동을 줬다면 배우들은 아마도 여러 차례의 커튼콜을 받게 될 수도 있다. 무대 위에서 보여준 장면들에서 감동을 받았거나, 열연을 보여준 한 특정 배우가 있다면 관객들은 일어나서 큰 박수를 칠 것이다. 기립박수는 무대 위에서 열연한 배우의 땀방울과 그를 세워준 모든 스태프 요원들에게 전하는 마음의 소리이다. 이런 커튼콜 혹은 기립박수를 받는 배우의 심정은 어떨까? <조씨고아, 복수의 씨앗>에 출연하여 열연을 보여준 배우 하성광의 심정을 보도 자료에서 살펴보자. 그는 '정영' 역을 맡아 20여년 이상을 배우로 활동하면서 가장 뜨거운 스포트라이트를 받았다. 160분의 공연 시간 동안 감정을 최고조로 끌어올려야하는 역할임에도 흐트러짐 없이 관객의 집중을 이끌어낸 후, 그는 흰 분칠을 한 얼굴로 등장하여 관객에게 인사를 한다. 아마도 여러 생각들이 교차되었을 것이다. 아버지로 살아간다는 것, 개인과 국가는 무엇인가라는 질문, 혹은 관객 여러분은 이런 상황에서 어떤 선택을 하실 것인가... 라는 상념들이 생길 수도 있다. 배우는 객석을 응시하면서 "이 순간 관객들한테 마음속으로 질문을 던져요. '여러분은 어떠세요?'라고. 당신의 현실은 안녕하신지 묻는 거지요."[16] 커튼콜은 단순한 상견례의 인사가 아니라, 연극의 본질이 무엇인지를 관객에게 질문하는 시간이라고 말할 수 있다.

커튼콜은 등장인물이 처음이자 마지막으로 본래의 배우로서 관객에게 눈을 맞추는 시간이다. 단순히 연기자를 소개하는 순서가 아닌 매우 의미심장한 공연의 오래된 관례라는 점을 다시 생각해볼 필요가 있다. 환상에 젖어있던 관객들은 이 순간에 현실로 돌아오지만 그러한 시간은 오히려 연기자들의 존재를 다시 생각하게 되는 짜릿한 순간이기도 하다. 이러한 감정은 연기자들의 경우도 마찬가지이다. 현대의 연극은 커튼콜을 단순한 인사로 여기지 않고 연극의 연장으로 생각한다. 예를 들어, 화려하고 경쾌한 뮤지컬 혹은 발랄한 코미디 작품의 무대인사는 화려하고 요란하게 이뤄질 수 있다. 반면에 비극작품이나 진지한 연극의 경우는 무대인사는 가능하면 단순하고 짧게 진행한다. 관객들로 하여금 극적 긴장이나 감흥을 빨리 식지 않도록 조치하기 위한 의도 때문이다. 이처럼 커튼콜도 연극의 분위기와 성격을 연장시키면서 여운을 만드는 작품의 일부인 것이다. 우리 인생처럼 어떻게 태어나는가도 중요하지만 어떻게 마지막을 장식할 것인가를 더 중요시하는 것과 같은 경우이다. 이제 여러분들이 연극이 마치 인생과 비슷하게 완성되고 소멸되어가는 예술임을 받아들이게 된다면, 그리고 제작과정에 어떤 사람들이 역할을 맡고 제작되었는지를 이해한다면, 연극 감상의 즐거움은 의미가 더욱 깊어지게 될 것이고, 커튼콜의 관례가 시사하는 바를 느낄 수 있을 것이다.

이와 같이 현장 예술인 연극의 커튼콜은 자연인으로서 배우와 현실의 관객이 극장 공간에서 처음이자 마지막으로 조우하는 의미있는 의식이다. 배우에게는 허구의 극 중 인물이라는 탈을 벗어 본래의 연기자로서 자신을 드러내는 값진 시간이 될 것이다. 뜨겁게 환호해주는 관객들을 위해 가슴에 손을 대고 머리를 깊이 숙이면서 몰입과 감정을 유지하도록 도움을 준 객석을 향해 사례를 보낸다. 이미 제작되어 녹화된 상태에서 상연되는 영화와 텔레비전에는 커튼콜의 현장성을 체험할 수가 없다. 그러한 이유로 영화는 엔딩크레딧이 올라갈 때에 해당 배우의 장면을 배경으로 보여주거나, 예전의 홍콩 무협영화 중에서 재키찬(우리에게는 성룡으로 알려졌다)이 제작한 영화작품들처럼 촬영할 때의 에피소드를 삽입하여 영화제작의 분위기를 제공하는 방식으로 처리하기도 한다.

질문에 관한 또 다른 질문 I

- 연극 관람을 하면서 기억에 남았던 커튼콜이 있다면, 그 이유에 대하여 설명할 수 있는가?

- 만약 여러분이 <로미오와 줄리엣>의 커튼콜을 구상한다면 어떤 식으로 해보고 싶은가?

| 5부 |

연극의 현재와 미래에 관한 질문

갈릴레오 : 전하! 베니스의 병기창에 있을 때에 소인은 매일 같이 제도사며 건축공, 기재 생산공들과 함께 일을 했습니다. 이런 사람들은 나에게 여러 새로운 길을 가르쳐 주었습니다. 그들은 책 따위는 읽지 못했으며 자신들의 오관에 따라 말을 하고 행동하는 사람들입니다. 그러한 말과 행동이 자기들을 어디로 이끄는지 두려워함이 없이요...

철학자 : 아하, 그래요!

갈릴레오 : 수백 년 전, 어느 바닷가에 도달할지도 모르면서 여기를 떠났던 선원들처럼 정말 비슷하군요. 고대 희랍의 참된 명성을 이루었던 저 숭고한 호기심을 찾아보시려면 오늘날에도 선창으로 나가보시길 바랍니다.

—베르톨트 브레히트 <갈릴레오의 생애> 중에서

| 21 |

현대연극에 관한 논쟁은 무엇인가?

시대의 변천에 따라 연극의 변화는 음성언어 위주의 작품에서 비언어적 퍼포먼스로 전이되고 있음을 보여준다. 장르의 교차와 융합에 의해 기존 연극의 틀을 해체하는 표현 방식의 시도들이 자연스럽고 당연하듯이 이뤄지고 있다. 융복합 예술단체 '디아볼로'의 경우, 무용인 듯하면서도 음악연주회 방식과 스토리 전개가 이뤄지는 작품을 선보인다. '장르를 묻지 마세요'라고 의도적으로 요구하는 현대의 퍼포먼스 단체의 전형이다.[17] 그러면서도 한편으로는 전통적인 서사 중심의 연극을 고집하는 작품들도 여전히 무대화되고 있다. 현대의 연극은 고전작품에서 장르 구분이 모호한 융합 공연까지 스펙트

럼이 다양하다. 혼종의 시대에 연극의 경향도 혼종적이다. 여기에서 우리는 현대 연극의 특성을 들춰보기 위해 다음과 같은 몇 가지 질문을 설정해보자. '대사 위주의 전통적인 공연은 구태의연하고 해체되어도 마땅한가?' 또는 '조명, 음향, 영상, 몸짓 등의 비언어적 요소를 사용한 공연이라면 추앙받을 가치가 있는가?' 이러한 질문은 사실 연극의 특성을 생각한다면 의미가 거의 없어 보인다. 연극이 진화하는 과정에서 보여준 혼종적 표현방식과 표현대상의 제한을 거의 찾을 수가 없기 때문이다. 이것은 마치 인류의 진화와 같이 생존을 위한 변화처럼 느껴질 정도이다. 혹자는 이러한 변화를 연극의 퇴화로 받아들일지도 모르겠다. 하지만 인간의 삶과 연극의 형식은 늘 변화한다는 점에서 하나의 동일체라고 해도 과장이 아니며, 그러한 생각은 우려에 불과하다. 다양한 표현 방식들, 예를 들어 신고전주의 연극, 낭만주의 연극, 멜로드라마, 사실주의 연극, 표현주의 연극 등의 사조가 생몰生歿하는 것은 궁극적으로 생존을 위한 진화의 과정이 아니고 무엇이겠는가.

원론적으로 말하자면 대화체의 대사, 이미지, 조명, 음향, 제스처 등은 모두 연극 언어의 재료들이다. 작품의 성패를 가늠하는 잣대는 어떠한 언어(비언어적 언어를 포함하여)를 사용하고 있는가에 의해 구분될 수 없다. 예술적 완성도에 대한 가늠은 공연된 연극작품이 얼마나 '재미'있었느냐에 달려 있다. 여기서 '재미'라는 말의 해석을 놓고 이견이 있을 수 있는데, '04. 연극의 요소와 구조는 무엇인가?'에서 '자미滋味'의 뜻으로 사용되어야 한다는 점에 대하여 보충 설명이 필요하겠다. 연극의 재미는 허구의 세계를 무대 위에서 구축하여 유희하는 활동이라는 전제로 보면 궁극적으로 인간의 놀이본능과 관계를 맺고 있다. 일상의 규제와 제한을 상상에 의해 해체하고 극복하여 궁극적으로는 인간성의 해방을 지향하려는 놀이성의 확장이라고 말할 수 있겠다. 그래서 무대 표현의 규칙이 만들어지고 연극의 관례가 형성된 것이리라. 연극의 재미는 우리가 음식을 먹을 때 자연스럽게 흘러나오는 침이자, 움직일 때에 작동되는 관절처럼 유사하게 기능을 한다. 연극을 흥미롭게 만드는 요소들은 다양하다. 줄거리와 연기술 및 연출의 해석 외에도 많은 요소들에 의해 결정될 수 있다. 심지어 관객의 참여와 공연장 분위기에 따라 관람한 작품의 재미와 매력이 달라지기도 한다. 게다가 동일한 작품을 감상한 관객들일지라도 받아들이는 재미와 매력은 각자 다를 수 있다. 단지 취향의 문제만을 지적하는 것은 아니다. 분명한 것은, 인간과 인간의 집단을 다루지 않은 연극 작품에서 매력을 찾기란 거의 불가능하다. 연극은 인간이 경험하는 일상의 갈등을 사건화하여 보여주는 예술이다. 언어적이든 비언어적이든 인간의 행동에 대한 이야기는 근본적으로 연극의 재료이며 관객은 시청각적 표현방식과 조화된 무대 장면을 통해 극적 재미를 얻게 된다. 현장예술로서의 연극을 감상하는 즐거움은 보는 자와 행하는 자 사이에서 발생하는 교감의 상호작용에 의해 상승한다. 연극의 진정한 매력은 관객과 배우 사이에서 발생하는 정서의 교류 작용에서 비롯된다는 점을 생각해보면, 현대연극의 혼종적 작품들의 출현을 이해하게 될 것이다.

우리가 지금 겪고 있는 현대자본주의 진화에 따른 다양한 양상들, 예를 들어서 예술작품의 생산, 유통, 소비 구조가 이 시대에 무대화되는 여러 작품에서 나타나고 있다. 이러한 지적은 『연극평론』에 실린 <우리시대의 시스템과 고선웅의 스타일>에서도 이뤄졌는데, 예술 사회학적 관점으로 접근한 글의 일부를 소개해 본다. 2010년 이후 주목받는 고선웅 연출가의 '스타일시한 표현방식'은 감정자본주의, 인지자본주의, 정동노동 등으로 개념화되어가는 현대 자본주의 시대의 '보상체계에 의해 생산된' 새로운 연출미학이라고 해석한 것이다. 그러한 이유로 그의 연출 방식은 기존의 프레임이 아니라 새로운 제작환경에 의한 연출 스타일로 이해되어야 한다고 제안했던 것이다.[18] 이 책의 부록에 수록된 <무대는 어떻게 관객에게 말을 걸어오는가>라는 글에서 고선웅 연출가의 무대어법을 <리어외전>을 중심으로 설명하고 있으니 읽어보면 도움이 될 것이다. 어쨌든, 서사적 글쓰기에 의존하여 공연된 기존의 작품과 달리 연극은 비재현적 퍼포먼스로 새롭게 탄생되고 있다. 현대 예술가들은 연극이 가지고 있던 기존의 특성들을 해체하거나 부정하면서 특정 공간적 연극과 멀티미디어 연극 등 다양하면서 낯설거나 새로운 차원의 표현양식을 지속적으로 갈구할 것이다. 이러한 과정에서 논쟁이 불거지는 것은 사실 당연한 일이다. 역사적으로 그렇게 연극의 변화 혹은 진화가 이뤄졌기 때문이다. 예술 자체가 수천 년간 논쟁과 영감을 불러일으키는 대상이었으며 정의定議에 관한 시각차도 커서 호불호가 나눠지는 경우도 많았다. 어떤 이들에 의하면, 예술은 우리 주변 어디에서든지 찾을 수 있으며 무엇이든지 예술이 될 수 있다. 한편으로는 정반대 입장의 대상들에게 있어서 예술은 미의 추구가 실현되어야만 존재할 수 있다. 대부분의 사람들은 그럼에도 자신들의 감정과 사상을 자극하면서 삶을 가치 있게 만들어 주는 게 예술이라고 믿는다. 그러한 예술 중에서 연극은 종합적인 특성을 가진 독특한 형식을 취하고 있다. 예술이라는 단어를 떠올릴 때 우리들의 머릿속에는 박물관에 걸린 명화와 조각상 혹은 전시장에 진열된 고상한 수공예품 등의 이미지가 습관처럼 연상될지 모른다. 하지만 분명한 것은 연극이란 관객이라는 불특정 다수의 사람들 앞에서 허구의 삶을 그럴 듯하게 비춰 보여주는 예술이라는 점이다. 삶을 투영하는 이러한 방식은 무용, 음악, 오페라뿐만 아니라 영화와 심지어 운동경기를 통해서도 접할 수 있지만, 연극의 경우는 재현적인 표현방식으로 이야기를 전개하고 감상자와 상호작용에 따라 현장감 있게 전개된다는 점에서 차별적인 특성을 가지고 있다.

연극의 표현요소와 특성을 어떻게 보고, 듣고, 해석할 수 있는지, 제작 과정은 어떤 방식으로 이뤄지는가를 자각하는 것이 현대 연극의 존재와 혼종적 표현의 의미를 알게 도와줄 것이다. 모든 연극 공연이 가능하기 위해선 작품을 진행하는 배우, 연출가, 스태프의 집단과 작품을 감상하는 불특정 다수라는 관객이 필요하다. 동일한 장소와 시간에서 진행되는 공연작품에 이러한 두 개의 집단이 참여하면서 연극은 완성된다. 연극이 성립하기 위해선 무대와 배우와 관객이 존재해야만 한다는 사실을 누구나 다 알고 있었지만, 그 당연한 진리를 자각하게 해준 사람은 피터 브룩이었다. "한 사람이 텅 빈 무대 위를 가로질러가는 동안 누군가가 그를 본다면, 그것은 연극을 가능토록 해주는 행동 그 자체이다."[19] 이와 같은 브룩의 표현은 연극의 근본을 강하게 일깨워 주었다. 연극이 다른 장르의 예술과 차별되고 존재할 수 있는 근원적인 연극성이 무엇인가를 자각시켜 준 것이다. 제한된 시간과 공간 안에서 인간 행동과 사상을 담은 이야기를 대사와 몸짓으로 관객에게 직접 전달하는 근원적인 방식을 추구하고자 했다. 현대연극은 텅 빈 무대 위를 가로질러가는 배우를 바라보는 '누군가'에 관심을 가지게 된 것이다. 어두운 객석에 앉아 숨을 죽이고 무대를 바라보는 '관객spectator'을 추방하고, 대신에 무대 위에 적극적으로 반응하는 '참여자participator'를 찾으려고 시도를 했다. 현대연극에서 나타나는 혼종적 양상의 근본적인 배경이라고 할 수 있다. 그것이 과학적인 재료이든 서커스적인 재주로 나타나든, 배우의 몸 자체만으로 형상화되는 작품들의 근본은 본래의 연극성을 회복하려는 의도이자 관객과 상호작용할 수 있는 '재미'를 찾는 시도로 받아들여져야 한다. 이러한 다양한 시도를 통해 현대연극은 집단으로서의 관객과 현장감을 새로운 차원으로 전이시키는 경험을 이끌어낼 것이다. 하지만 예술가들의 의도가 관객과 공유되지 않을 때에는 이러한 시도는 여러 잡음을 만들 수밖에 없다. 역사적으로 연극은 인간의 본성을 깨닫게 하는 소재를 다루거나 정치 사회적 이슈를 지적하면서 사회구성원들을 자각시키는 기능을 해왔다. 연극은 한 개인의 이야기에서 국가와 역사까지 거대 담론을 다루는 등 소재의 범위가 넓다. 오래된 시대 배경에서 미래의 이야기를 다루는 작품까지 시간의 제한을 가지지도 않는다. 심지어 인간의 모습뿐만 아니라 등장인물이 전혀 없는 공연작품을 통해서도 생명세계의 질서와 법칙에 대한 환기를 일으킬 수도 있다. 현대의 공연이론에 관심을 가지고 탐구하는 학자들의 일부는 연극을 퍼포먼스performance의 일종으로 접근한다. 또 다른 학자들은 여전히 전통적인 관점을 견지하면서 연극을 예술의 한 부류로 고집하기도 한다. 이러한 관점이나 태도는 사실 모두 옳다. 관점의 다양화는 현대연극에 대한 단편적인 접근을 방지하고 대신에 좀 더 포괄적인 이해를 가능할 수 있게 해줄 것이다.

질문에 관한 또 다른 질문 I

● 비언어적 공연요소를 사용하는 현대의 연극예술가는 누구이며 그의 대표적인 작품은 무엇인가?

| 22 |

연극과 과학기술은 어떤 관계인가?[20]

연극과 테크놀로지는 동반자인가, 아니면 경쟁자인가? 인간을 매개로 내재적 가치와 세계에 대한 인식을 감정과 신체기관을 통해 발산하는 예술이 연극이라면, 기술은 객관적이고 검증 가능한 과학적 근거의 법칙을 토대로 구성된 지식이거나 혹은 그런 용법이다. 예술과 기술이 어원적으로 '생산'과 관련을 맺고 있다는 점에서 근본적인 지향의 유사성을 부정할 수는 없다. 그럼에도 필립 오슬랜더Philip Auslander의 주장처럼 문화경제적인 측면에서 이 둘은 경쟁자의 관계로 여겨질 수 있겠다. 하지만 테크닉과 테크놀로지가 엄격하게 구분되지 않은 것처럼 무대예술에서 있어서 'craft', 'technic', 'technology'는 각

각의 다른 어감을 갖고 있음에도 포괄적으로 제작기법을 함의한다. 따라서 프랑스의 시인이자 철학자 폴 발레리Paul Valéry의 말을 빗대어 보자면 예술과 기술은 거칠게는 서로 상충의 개념이지만, 실제로는 서로 떼어낼 수 없는 공생의 관계이다.

예술과 기술은 서로에게 긍정적 영향과 때로는 부정적 파급을 제공하면서도 창조 작업에 있어서는 늘 동행해왔다. 예술의 역사에서 무대기술은 이러한 동행에도 불구하고 합당한 대접을 받지 못했다. 특히 고전시대의 장면기술Opsis은 공연 내용의 언저리에 위치하거나, 아리스토텔레스의 드라마 6요소에서처럼 하찮게 여겨졌다. 기계를 활용한 테크닉이 그 수공의 보상을 받기 시작한 것은 르네상스 이후부터였다. 단순한 수공의 조작에서 벗어나 고난도의 복잡한 표현기술이 소개되자 그에 상응하는 위상을 부여받게 되었다. 기술적인 숙련도가 높아지면서 예술작업에 기여하는 정도가 비례되었으며 멈포드Mumford의 표현처럼 '기계 자체가 창조적 해방'에 기여하였다.[21]

> 예컨대 그때까지는 도기의 형을 뜨는데 기계의 도움 없이 원시적인 사리기 방법coil method에 의존했기 때문에 제약받아 왔던 도공의 자유가 녹로를 이용함으로써 신장되었다. 그리고 선반은 장인에게 구슬이나 통 모양을 만드는 데도 어느 정도 여유를 갖게 해주었다. 모든 산업 예술에서 어느 지점까지는 기술적 발전과 상징적 표현의 상호 관계는 유지되었다. 스트라디바리우스와

같은 바이올린 제작자들이 작곡자의 손에다 자기들이 만든 뛰어난 바이올린이란 악기를 건네주지 않았다면, 18세기의 위대한 현악곡들이 과연 실제로 쓰였을는지 누가 확신할 수 있겠는가?[22]

만약 토마스 에디슨에 의한 전기와 전구의 실용화가 이뤄지지 않았더라면, 사실주의 연극의 혁신이 과연 가능했을 것인가란 반문도 마찬가지다. 기술과 기계의 발전은 궁극적으로 극장과 공연방식의 대대적인 변화를 유도했다는 점은 분명하다. 게다가 1917년에 아인슈타인이 예견했던 레이저는 의학과 통신 분야뿐만 아니라 이제는 무대표현을 위한 도구가 되었다. 아직은 대형 뮤지컬 혹은 대자본이 투자된 연극무대에서 사용하는 홀로그램이지만, 머잖아 무대 시각화의 주요한 기술로써 무대미술계의 혁신적인 변혁을 이끌게 될 것이다. 이처럼 테크놀로지의 발전은 무대 예술가들에게 새로운 창조적 표현방식의 변화를 유도하고 있다. 앞으로 대중들은 누가 예술가이며, 누가 기술자이고, 과학자인지 상관하지 않을 것이다. 예술과 과학의 경계가 허물어지고 있기 때문이다. 과거의 예술과 기술은 경쟁적인 관계였지만 지금은 공생의 관계를 지향하고 있음을 여러 분야에서 우리는 지금 목격하고 있는 셈이다. 컴퓨터와 몸에 부착하는 센서 장치를 활용한 표현양식은 무대 위에서의 하이테크놀로지 탐구를 더욱 강화시킬 것이다. 무대예술가와 관객의 커뮤니케이션 방식은 물론 공연의 본질에 대한 물음과 그에 따른 변화는 따라서 시대의 요구가 되었다.

과학기술의 발전은 인간을 닮은 기계를 소유하려는 욕구를 더욱 충동질할 것이다. 마치 자신이 조각한 작품 '갈라테이아'에게 생명을 불어넣고 싶어 했던 피그말리온처럼 현대의 과학자들도 인간의 형상과 감정을 가진 기계를 창조하고자 한다. 인간의 편의와 한계를 극복하기 위한 결과는 산업로봇을 넘어서 휴머노이드와 안드로이드 로봇[23]으로 나타나고 있다. 로봇의 출현은 고대 신화의 날개를 달고 하늘을 날았던 소년 이카로스의 이야기의 맥락과 유사하다. 위대한 건축가이자 발명가인 아버지 다이달로스는 자신의 아들을 살리기 위한 조치로 날개를 제작하였으나, 결국에는 밀랍의 날개가 녹으면서 비극적 결말을 맞이하게 된다. 동서양을 막론하고 오래전부터 자동기계automata는 오락과 편의와 생존의 이유로 만들어져 왔다. 동물의 모양을 한 자명종 태엽시계, 차를 따르는 자동기계, 움직이는 인형 등은 프랑켄슈타인의 괴물, 골렘golem[24]과 같은 유형으로 변화되었다. 신화와 민담에서 유래된 공상소설의 내용은 20세기 초엽에 이르러 현실화가 되었다. 제2차 세계대전 이후 우주 항공 공학자 조지프 엥겔버거Joseph Engelberger는 인간보다 훨씬 정확하고 반복 작업에도 지칠 줄 모르는 기계로봇을 고안하여 공장에 취업시켰다.[25] 그러나 꼭두각시 인형과 같은 엥겔버거의 로봇은 '사람이 조종하는 줄을 통하여 통제되도록 설계된 고가의 장비'라는 평가를 받는 수준이었다.

> 이 기계들은 생각할 수도, 무엇을 만들 수도, 반응할 수도 없다. 이들은 단순히 진자의 정확도에 따라 움직이며 작업을 수행한다. 현대적인 컴퓨터가 등장하자 비로소 로봇공학은 지금과 같은 단계에 도달하게 된다. 컴퓨터의 등장은 로봇 안에 두뇌와 같은 것을 집어넣는다는 발상이 불가피해졌다. 1940년대 영국의 수학자 앨런 튜링Alan Turing은 지능을 가진 기계와 인간 사이의 대화가 가능하다면, 기계도 지능을 가질 수 있다는 유명한 이론을 펼치면서 인공지능의 기초를 마련했다.[26]

'로봇robot'이란 말은 체코의 작가 카렐 차페크Karel Čapek가 1920년에 발표한 희곡 <로섬의 인조인간>(*Rossum's Universal Robots*)에서 'robota', 즉 '강제적 노동'이라는 단어에서 유래되었다. 문학작품과 예술작품에서 '로봇'이라는 용어가 처음으로 소개된 이후, 인공지능 연구[27]가 발전되면서 로봇에 대한 기대는 급속하게 높아져갔다. 20세기 중반에 이르러 대중적인 영화를 통해 로봇은 진정한 하이테크 슈퍼 히어로의 조건을 갖추게 되었다. 1968년에 개봉된 <2001 스페이스 오디세이>(*A Space Odyssey*)를 필두로 인간의 모습을 하거나 혹은 인간보다 고등한 존재로 로봇들이 묘사되기 시작했다. <스타워즈>(*Star Wars*), <터미네이터>(*Terminator*), <로보캅>(*RoboCop*), <A. I.>, <아이, 로봇>(*I, Robot*), <헬보이>(*Hellboy 2: The Golden Army*), <스크리머스>(*Screamers*), <블레이드 러너>(*Blade Runner*), <바이센테니얼 맨>(*Bicentennial Man*), <트랜스포머>(*Transformers*),

<아이언 맨>(*Iron Man*) 등의 영화는 로봇들이 인간의 오류를 보완하고, 인류의 감정까지 보유하고 있는 존재로 묘사되어갔다.

'어떤 작업이나 조작을 자동적으로 하는 기계장치'라는 사전적 정의를 대변하는 듯한 'HAL9000'(<2001 스페이스 오디세이>)이란 이름의 컴퓨터 로봇은 시간이 흐르면서 '오토봇' 군단(<트랜스포머>)과 같은 인간보다 윤리적이고 정의로운 존재로 미화되어갔다. 비록 스크린 상에서의 허구적 설정이지만, 언젠가는 PC처럼 1가구 1로봇의 시대를 맞이하고 '인간의 고유한 영역으로 남아있던 감정의 영역'까지 로봇 과학자들은 관심을 가질 것이다.[28] 대중들이 쉽게 로봇을 수용할 것이란 심리적 동기에서 비롯된 것이지만, 인간의 모습을 닮은 휴머노이드 로봇의 창조는 일본의 로봇 과학자 시게오 히로세 Shigeo Hirose의 말처럼 "인간의 형상이 공학적인 측면에서는 최선의 아이디어가 아닐지는 모르지만, 지능을 갖도록 설계된 그 어떤 로봇도 도덕적인 것으로 설계될 수 있다"와 같은 철학적 문제로 확장될 것이다.[29]

그렇다면 인간을 닮은 이러한 기계들의 출현이 무대예술에서 어떤 문제를 야기할 것인가에 대한 관심이 생기지 않을 수 없다. 스크린에서 묘사되는 인간은 '유전자의 생존을 위한 기계', '이기적 분자를 외부 세계로부터 완전하게 보존하려는 거대한 로봇'[30]으로 그려지고 있으며 실제 그런 생활 태도를 보이고 있다. <트랜스포머>의 경우, 로봇들은 인간 주인공의 자리를 넘본다. 관객들은 로봇들의 생각과 행동에 열광하고 있기 때문이다. 심정적인 동의를 구하려는 것은 아니지만, 기술의 발전에 비해 더디게 영향을 받는 무대라고 할지라도 시간의 문제일 뿐이지 향후 무대 위에서의 연극작품에 끼칠 파장을 스크린에서 먼저 만나고 있는 것은 아닐까한다. 인간보다 더 똑똑한 컴퓨터, 물론 지금은 인간의 입력, 즉 통제에 의해 가동되지만 인공지능에 의한 스스로의 판단이 가능해지는 경우, 로봇은 인간에 대한 복종과 피복종의 관계를 넘어서 서로에게 의지하며 살아가는 동거인이 될 가능성이 농후하다. 의미를 확장하자면 무대표현의 주체가 인간에서 기계로 전이되는 것 또한 시간의 문제일 뿐이다.

사실 카렐 차페크의 <R. U. R.>은 인간성의 대리적이거나 대체적 구원의 대상인 기계에 대한 연극적 재구성이라 할 수 있다. 섬의 공장에서 고등지식을 가진 노동자 로봇들이 개발되고, 폭동을 일으켜 자신들의 발명가를 죽이고, 모든 인류를 파괴하려고 시도한다. 극의 결말인 3막에 이르러, 유일한 생존 인간이자 순수한 마음의 소유자 헬레나 글로리는 공장을 접수한 로봇들의 지도자 래디어스에게 '고등지능의 컴퓨터는 갈등이 아니라 이해하도록 만들어야 한다'는 취지의 말을 건넨다. 이때 래디어스는 이렇게 응답한다. "나는 어떤 주인도 원하지 않아. 나는 나 혼자서도 모든 것을 다 알고 있어"라고. 기계의 인간화에 대한 복합적이고 혼합적인 메시지가 아닐 수 없다. R.U.R.의 직원 알퀴스트의 외침, "자, 아담, 이브. 세상은 너희들 거야. […] 마침내 인간의 동행자!"[31]처럼 로봇은 단순한 금속덩어리가 아닐뿐더러 더 이상 SF소설에 등장하는 허구적 존재도 아니다.

21세기에 들어오면서 "디지털 퍼포먼스와 같이 현대적 미디어와 결합한 새로운 장르에 로봇이 등장하는 등, 기술 진영에서뿐만 아니라 콘텐츠 창작 분야에서도 로봇에 대한 관심은 계속 고조되고 있는 추세"를 우리는 마주하게 되었다.[32] 1964년 뉴욕 세계 박람회에서 처음으로 선보인 디즈니사의 말을 하는 링컨 대통령 형상 로봇 animatronic robot은 최근까지도 업그레이드되면서 공연성의 가치를 유지하고 있다. 백남준의 경우, 1963년 독일에서 첫 개인전을 개최하여 비디오 예술의 창시자란 평을 받은 이듬해에 슈야 아베Shuya Abe와 함께 제작한 여성 휴머노이드 로봇 'K-456'을 선보였다. 팔을 들추거나 콩을 배설하고 입에 부설한 스피커를 통해 케네디 대통령의 취임사가 들리는 풍자적 형태의 로봇이었다. 하지만 40여년이 지난 지금은 발레를 하고(Monsieur II-p), 춤을 주고(SRD-4X), 탁구와 같은 운동경기를 하거나(Tosy의 TOPIO), 뒷걸음질과 계단을 오르내리며(Asimo), 판소리를 배우는(EveR-1) 로봇들이 등장하고 있다.

> 한 다리로 서고 점프도 할 수 있는 소니의 '큐리오'는 2004년 3월 9일 공개 리허설에서 사상 최초로 도쿄 필하모닉 오케스트라와 베토벤 5번 교향곡 연주를 지휘했다. 큐리오는 2003년 12월 소니에 의해 탄생된 휴머노이드 로봇이다. 키 60cm, 무게 7kg의 두 발 로봇이다. 1분에 14미터를 달리며 넘어지면 혼자 일어난

> 다. 100분의 4초라는 짧은 시간이지만 공중으로 뛰어오를 수도 있다. 공을 차거나 춤을 출 수 있다. [...] '다이내믹 브레인'을 줄여서 디비(DB)라 불리는 로봇. 디비는 키 190cm에 몸무게 90kg이며 눈이 두 개다. 디비를 개발하는 목표는 사람 팔의 유연성과 능숙함을 재현할 수 있는 로봇 팔을 만드는 데 있다. 이러한 팔 덕분에 디비는 손바닥 위에 막대기를 세우고 2-3시간 동안 균형을 유지할 수 있다. 보통 사람은 30초를 넘기기 어렵다. 또한 다른 로봇들이 프로그램에 따라 춤추는 것과는 달리 디비는 사람이 춤추는 모습을 관찰한 다음에 성공할 때까지 반복해서 그 행동을 흉내 낸다.[33]

로봇의 진화는 과학의 영역에서 빠르게 진행되고 있지만, 공연계의 도입은 매우 더딘 게 사실이다. 지능을 꿈꾸었던 로봇들이 인간의 감성과 유사한 표현을 갖기 위해선 아직도 많은 시간이 필요하다. 그러나 로봇이 붓을 움직여 그림을 그리고, 음악을 연주하고, 노래를 부르는 로봇 사피엔스의 출현은 미래학자들의 호기에 그치지 않고 머잖아 현실이 될 것이다. 가재, 거미, 뱀, 물고기 로봇과 같은 생채역학 로봇biomimetic robot, 혹은 인공생명 로봇이 인간의 환경을 좀 더 쾌적하게 유지하고 편의를 제공하려는 목적으로 빠르게 발전되고 있기 때문이다. 이러한 발전의 속도[34] 즉, 컴퓨터의 개발 속도와 크게 다르지 않은 속도라면 로봇의 공연을 감상할 수 있는 기회는 그렇게 멀지 않을 것이다. 가와구치 요이치로河口洋一郞와 같은 예술가들이 인공

생명 작품을 일본의 전통예술과 결합시키는 시도가 이뤄지고,[35] 모션 캡처를 사용한 입체영상의 무대장치가 도입되고 있으며[36], 아크로바틱을 펼쳐 보이면서, 연기자와 공동으로 연기하는 로봇이 등장하고 있기 때문이다.[37]

카네기 멜론 대학 로봇 연구소의 다케오 가나데Takeo Kanade의 지적처럼, 기계지능machine intelligence의 수준은 이제 걷기와 말하기를 배우는 유아수준의 단계이지만 인간은 여러 인공적인 존재로부터 이미 추월당했거나, 당하고 있다.[38] 금속성 기계와 로봇이 참여하는 공연은 종종 자연으로 회귀를 바라는 포스트모던의 문제를 반영하는 것이라고 보는 경향도 있다. 때로는 이러한 공연을 아직은 주류문화에 편입되지 못한 형태로 여기며 퀴어 이론의 틀 안에서 설명되어져야한다는 주장[39]도 등장한다. 어찌되었든 앞으로 분명한 것은 로봇이 출연하는 공연의 완성도는 부단한 '연마'보다, 지속적인 '업그레이드'가 필요하다는 점이다. '인식'하는 기계에서 '지각' 로봇으로의 진화는 궁극적으로 공연용 인공생명이 지향할 수밖에 없기에 테크놀로지는 항상 좋은 동반자여야만 한다. 향후 사람의 손길이 필요하지 않은 연주, 전류의 자기장을 변환하여 만들어내는 소리와 움직임 등 기계와의 협연은 공연예술의 한 흐름으로 자리매김을 하게 될 것이다. 사물에 작가의 의미부여를 통해 예술작품이 탄생하던 시기를 지나 머잖아 예술은 또 한 차례의 진통을 준비해야 할지 모르겠다.

기술의 발전과 최첨단 기계의 보급이 예술에 해악을 끼칠 것이란 생각은 기우에 불과할 것이다. 스트로스버그의 지적[40]대로 발레와 같은 무용작업에서 복잡한 스텝과 리듬을 기록한다는 것은 거의 불가능에 가까웠기 때문이다. 하지만 무용 동작의 기록이 센서에 의해 가능하게 된 것은 기술발달의 수혜랄 수 있다. '예술과 기술이 인간 사회에 출현했을 때의 본래 상태들과는 정반대라는 것에 주의'해야 한다는 멈포드Mumford의 지적도 물론 생각해봐야 하겠지만, 모든 과학기술이 그렇다고 예술작업의 방해요소는 아니다. 멈포드는 '기계예술에서의 주된 위험은 잘못 적용된 창조성, 바꿔 말하면, 인간적 기능을 기계에 인계시키려는 시도'를 지적한 것이다. 멈포드의 이러한 태도는 사실 인쇄술의 예를 들면서 나온 내용이었다. 그의 『예술과 기술』(*Art and Technics*)이라는 책이 처음 발간된 해가 1952년이라는 점에서, 예술과 기술의 조화와 균형을 희구하는 것이라고 할지라도, 지금은 멈포드의 생각을 받아들이기에는 세상이 많이 변해버렸다.

동조하기 버거울 정도의 최첨단 미디어 테크놀로지의 시대가 되고 말았다. 전자 자동장치와 무인 작업 시스템과 사물 인터넷 기반의 환경 속에서 살아가는 현대인들에겐 점차 일상이 되고 있다. 컴퓨터가 가정에 보급되기 시작한 80년대 후반에서 실질적인 개인용 전산기기Personal Computer의 시대가 된 것은 불과 7년여 정도 밖에 걸리지 않았다. 21세기 초엽인 지금은 타카하시의 말처럼, '1가구 1로봇 시대'라고 하는 로봇의 본격적인 실용화를 앞두고 있다. 이러한 현상은 80년대 후반에 시작된 개인용 컴퓨터의 발전과 급속하게 보급되던 때와 매우 흡사하다. 로봇의 보급은 '표준적인 운영 제어 시스템, 형상증착공법에 적합한 더 가벼운 소재, 그리고 더 강력하고 효율적인 작동기 등이 결합'하면서 빠르게 일상에서 보편화될 것이다.[41] 이러한 사회 분위기에서 미디어 테크놀로지와 같은 과학기술을 외면하면 자기 폐쇄적 예술가로 전락하게 될 가능성이 높을 수밖에 없다. 우리는 일상에서 디지털 기기와 사물 인터넷 기반의 제품을 사용하며 조만간 인공지능을 가진 기계와 더불어 살아야 하기 때문이다. 지금까지 인류 역사상에서 경험하지 못한 신기술의 시대를 맞이하는 셈이다. 어찌 보면 16세기 르네상스 시대에 버금가는 신기술의 범람 속에 살고 있다고 해도 무방하겠다. 인간에 의해 발명된 인공지능, 가상현실 등의 첨단 과학기술이 무대표현의 주요한 도구 혹은 주체로 등장하는 것은 시간의 문제일 뿐, 오래지 않아 새로운 양식으로 자리를 잡을 것이다. 과학기술은 예술 발전을 자극하고 추동시키는 역할을 해주고 있다. 예술 창작활동도 마찬가지로 과학 분야가 발전되도록 협력해야 한다. 과학기술의 발전은 테크놀로지가 예술 그 자체가 되기도 하지만, 궁극적으로 공연 창작은 인간의 몫이기에 과학기술은 작품의 표현을 더욱 확장시켜 줄 것이다.

질문에 관한 또 다른 질문 |

- 미래사회에서 고도의 인공지능을 가진 로봇이 등장하는 연극 작품은 어떤 내용 혹은 주제를 다룰까?

- 과학기술이 연극에 끼치는 이로운 점과 해로운 점을 구분하여 설명할 수 있는가?

| 23 |

연극은 정말로 유익한 예술인가?

인간에게 유익한 것이 어디 하나둘 뿐이겠는가. 찬찬히 헤아려 보면 손가락으로 꼽을 수 없을 정도로 많다. 그 중에서 연극에 초점을 맞춰 어떤 유익함을 우리에게 제공하는지를 한번 생각해보자. 인류의 역사만큼이나 연극이 오랫동안 존속된 이유는 우리들에게 분명 유익한 무엇인가를 제공하고 있다는 전제로 접근해본다. 먼저, 인간의 모방 본능을 자극하기 때문에 현재까지도 연극이 유지되는 것이라고 답할 수 있을 것이다. 모방은 단순하게 무엇인가를 그대로 베끼는 복사의 개념과 차별된다. 모방이라는 단어는 그리스어 '미모스 mimos'에서 유래된 '미메시스'와 관계를 맺고 있다. 미메시스는 '그대로의 재현'이라는 의미를 가지고 있다. 고대 그리스 시대에 사용되던 미메시스라는 용어는 세상의 진, 선, 미를 느끼게 해주는 대상체이자 그러한 현상을 묘사하거나 창작하는 행위를 포괄한다. 물론 이러한 모방은 인간의 생존 방식과 관계를 맺고 있다는 사실도 부정할 수 없다('02. 연극은 무엇을 어떻게 표현하는가?'에 실린 미메시스에 관한 내용을 참고 바람). 따라서 연극은 선한 인간의 모델을 본받게 자극하거나, 옳고 그름을 판단하는 기준을 제공하면서, 세상의 아름다움을 깨닫게 해주는 인간의 예술 활동이라고 정의할 수 있을 것이다. 그렇다면 인간 유형의 다양한 모델과 갈등의 상황을 제시하는 연극의 제작 과정과 표현방식에 초점을 맞춰 얘기해보자.

가령 등장인물의 비참한 결말이나 선한 인간에게 주어지는 보상을 대리적으로 경험한 관객이라면 현실 세계에서 유사한 상황에 대처할 수 있는 지혜를 가지게 될 것이다. 연극 행위가 우리에게 유익함을 제공하는 것은 무대라는 안전한 물리적 공간에서 인간 유형의 다양함과 진실한 삶의 가치와 세계의 아름다움을 제시해주기 때문이다. 연극은 실제의 체험으로 발생할 수 있는 위험을 안전한 경험의 단계로 옮겨주는 유익한 인간 활동이다. 연극의 근본적인 구성은 허구의 인물과 이야기 구축에 따라 다양한 인간 군상의 모델을 무대 위에서 보여줄 때에 성립이 된다. 때로는 선인이나 악인의 표상을 재현하여 관객들에게 파멸을 미리 피하거나 그러한 상황에서 대처하는 방법을 습득하도록 제안을 한다. 이러한 이야기들은 관객들에게 이해 가능한 범위 내에서 흥미롭게 습득하도록 구성될 수밖에 없는데, 제한된 공간과 시간 안에서 이야기가 전개되는 특성 탓이다. 무엇인가를 깨닫도록 제안하는 연극의 교육적 기능은 주로 아동연극이나 청소년 대상의 연극에서 수월하게 찾을 수 있다. 선과 악의 대립이 명확하고 교훈적인 이야기를 통해 관객의 윤리성을 강화시키고 동시에 사회의 구성원에게 필요한 협동적 사고를 강화시키는 등의 부가적 기능도 제공된다. 아동, 청소년 대상의 연극들이 추구하는 참여형 방식은 그러한 속성과 기능을 더욱 단단하게 만들어 준다. 그럼에도 이런 사례만으로 연극이 오랜 세월 동안 영속되는 이유를 설명하기에는 좀 부족하다. 연극은 그 이상으로 인간에게 유익한 점을 분명하게 가지고 있다. 이런 생각을 해보면 어떨까? 인간을 인간답게 만드는 어떤 속성에 의해 연극 활동이 지속되는 게 아닐까라고. 인간은 밥과 빵과 고기만으로 생존할 수 없는 존재이다. 인간에게는 인간다움을 유지할 수 있는 존엄성이 생존에 절대적인 가치로 작용된다.

연극이 오랜 세월을 지나오면서 다루었던 이야기들의 대부분은 이러한 인간의 존엄성에 관한 것이었다. 식량을 구하기 어려운 시절에도 연극적 행위가 이루어지고 굶주림에 시달리는 제3세계의 사람들뿐만 아니라 사상의 자유가 억압받고 인권을 유린당하는 독재 국가에서도 연극적 행위를 갈구한다. 그러한 까닭은 인간다움을 유지하려는 욕구에서 비롯되었음을 보여주는 것이다. 극 중 인물의 이야기를 통해 삶과 인간의 본질을 자각하게 만드는 좋은 연극작품은 개인의 존엄성과 집단의 올바른 존립에 기여를 한다. 영화와 텔레비전도 이러한 파급력을 가지고 있지만, 한 편의 좋은 연극에 의해 발생한 집단 감정의 상호교류와 현장성과는 비교할 수가 없다. 이와 같이 인간의 존엄성을 자각하고 유지하기 위해 연극은 사회와 국가의 문제를 다루면서 역설적으로 박해를 받기도 한다. 경제와 문화의 풍요를 누리는 선진사회에서 다양한 연극작품들이 활발하게 공연되며, 궁핍한 가계살림과 시간의 여유가 부족한 개발도상국에서도 연극적 활동은 이뤄지고 때로는 장려되기도 한다. 개인의 윤리와 가치판단의 기준을 제공하고 집단의 협력과 이익을 강화시켜주며 삶의 영속을 유지하도록 자극하는 연극의 본성은 인간이 만들어 낸 값진 보석이 아닐 수 없다. 연극적 행위 혹은 연극성의 발현은 인간과 그들의 세계를 다룬다는 점에서 어떤 예술보다는 인간 친화적이다. 추상적인 음악의 음률과 비구체적인 무용의 동작과 사실적이면서 추상적인 색과 형태의 미술에 비해 연극은 일상의 언어와 인간의 몸과 감정을 주요 표현수단으로 사용한다. 배우의 음성과 신체와 감정은 특정한 연극 표현의 관례를 따르지만 보편적이어서 관객의 수준에 크게 구애받지 않는다.

연극 활동의 유익함은 공연이 진행되는 동안에도 엿볼 수 있다. 연극은 들려주기와 보여주기의 교집합에 의해 허구의 존재를 실제의 존재처럼 재현하거나 묘사하는 예술이다. 예술행위로서 연극을 감상하는 것은 참여자들의 예술적 성취를 목격할 때에 기쁨이 발생하기도 한다. 연출가의 해석과 배우가 표현하는 연기술, 무대 스태프들의 시청각적 효과에서도 연극의 매력을 느낄 수 있다. 이것은 마치 우리가 스포츠를 즐기는 이유와 흡사하다. 테니스 시합을 보는 것만으로 즐거울 수 있지만 운동의 규정과 테크닉을 알면 관람의 기쁨은 더 강해지는 이치와 같다. 연극작품을 감상할 때에도 동일한 법칙이 적용된다. 연극에 관한 지식이 많은 사람은 그렇지 않은 이들보다 감상의 즐거움이 클 수밖에 없다. 이미 완성품으로 만나는 영상매체와 달리, 연극은 미완의 상태에서 관객의 협력에 의해 완성을 지향하는 예술이다. 따라서 어떤 장면에서 연출가의 의도를 엿보거나 극 중 인물을 담당하는 배우의 테크닉을 목격하는 것은 관극 과정에서 발생하는 이성적이고 정서적인 기쁨으로 증폭된다. 이러한 감상의 기쁨은 타 예술 장르에서도 비슷하지만 문학, 무용, 음악, 미술, 건축, 과학, 심리, 철학 등 여러 분야의 총합에 의해 작동되는 연극은 미학적 즐거움의 범위가 훨씬 다양하다. 연극의 감상활동은 이처럼 여러 장르의 조화로운 표현을 통해 다채로운 예술적 표현의 성취도를 즐기면서 동시에 우리에게 미적 쾌감의 경험을 선사해준다.

우리가 극장으로 발걸음을 옮기는 이유는 여러 가지의 사정이 있다. 그 중 하나는 자신의 삶을 윤택하기 만들기 위한 의도를 꼽을 수 있다. 확실한 것은 극장으로 향하는 걸음이 잦을수록 개인의 삶은 문화적으로 진보하게 된다는 점이다. 다양한 사회적 활동 중에서 연극을 가장 인간적인 예술이라고 믿으며 연극작품을 자주 감상하는 사람이라면 인간세계를 이해하는 통찰력을 갖췄거나 곧 가지게 될 것이다. 연극은 우리들에게 자신이 누구인지를 깨닫도록 영혼의 문을 노크해주는 지혜를 제공하는 예술이기 때문이다. 이와 같은 연극의 유익함은 스포츠를 관람할 때에 우리에게 주어지는 유익함과는 차원이 다르다. 운동경기를 즐기는 것과 인간 세계에 대한 통찰력이라는 문제는 연극만큼 긴밀하지 않은 탓이다. 연극은 본래 삶과 인간을 상상력에 의한 특별한 방식으로 표현하는 특성을 가지고 있다. 인간의 욕구와 욕망을 다루는 연극은, 주어진 조건에서 각자의 몫을 합치하는 방식으로 제작된다는 점 또한 연극의 유익한 매력이다. 기회가 주어진다면 연극 제작에 참여해보는 것도 좋은 삶의 태도일 것이다. 대본을 손에 들고 대사를 외우면서 동선을 계획하고 스태프들의 참여와 협동에 의해 작업하는 연극 제작의 과정을 통해 우리는 유희적인 본성을 되찾게 된다. 연극 제작에 참여하든 공연감상으로 참여하든 우리는 연극을 통해 인간 행동의 기저基底를 탐구하고 타인과 공존하는 방법을 배우게 될 것이다. 연극은 오랜 기간에 걸쳐 실행과 착오를 경험하면서 지금까지 생존하고 있으며 앞으로도 그러할 것으로 예상한다. 연극에 내재한 가치의 유익함을 증명하기 위해 재현의 방식을 진취적으로 기획하거나 혹은 전통적인 방식을 고수할지도 모르겠다. 사실, 연극의 유익한 점은 여기에 기술한 내용보다 훨씬 많다. 그러한 까닭에 연극은 새로운 미디어의 출현과 사회의 변화에도 살아 있는 유기체처럼 유연하게 적응할 것이다. 마치 연극이 묘사하는 인간들처럼.

질문에 관한 또 다른 질문 |

- 여기에서 설명되지 않은 연극의 유익한 점과 무익한 점(들)은 무엇인가?

| 24 |

'연극예술학'이란 무엇인가?

연극학Theatre Studies은 연극을 학문적 관점에서 접근하는 분야로, 인간의 행동을 모방하고 종합적 기호로 무대 위에서 형상화되는 연극 공연을 기본 텍스트로 삼고 있다. 따라서 연극 공연의 일회성, 즉각성, 현전성 등이라는 특성으로 인해 학문적 접근방법에 있어서 많은 제약을 가지고 있는 것도 사실이다. 이러한 문제를 극복하기 위해 연극예술에 대한 연구는 대부분 문학작품인 희곡/대본을 기반으로 이뤄지는 경향이 있다. 연극은 원래 '행동하는 문학'인 희곡과 밀접한 관계를 맺고 있기 때문에 초기의 많은 연극학 연구자들이 문학 분야의 전공자들이었으며, 또 희곡을 토대로 연극예술을 다루었던 이유이기도 하다. 하지만 연극은 문학작품으로서의 희곡을 기반으로 진행되면서 동시에 무대, 조명, 의상, 분장, 소품을 포함하여 배우의 신체와 소리, 정서를 운용하는 연기술 등 다양한 분야가 복잡하게 연동linkage 관계를 맺으며 완성되는 예술이다. 그러한 까닭에 연극 연구가 올바르게 이뤄지기 위해서는 희곡을 포함하여 연기, 연출, 무대표현의 기술 등 모든 공연적 요소를 포함할 수밖에 없다. 즉 연극학이란 희곡, 연기, 연출, 장치, 조명, 음악, 음향 등 연극 공연을 구성하는 여러 가지 요소를 분석, 연구하고 체계화하는 학문이라고 말할 수 있다.

연극의 역사는 인류의 기원만큼이나 오래되었지만 본격적인 연극학의 등장은 상대적으로 짧다. 기원전 335년에 기술된 아리스토텔레스의 『시학』은 연극예술의 탄생과 기능에 관한 최초의 서적으로 알려지고 있으며, 소포클레스의 비극작품을 교본으로 '모방의 본성'과 '감정의 정화'를 연극의 핵심적인 개념으로 규정하였다. 이후 연극은 문학과 수사학rhetoric 분야의 일부로 여겨져 왔으며, 희곡과 커뮤니케이션의 범주 안에서 연구가 이루어졌다. 하지만 일부 학자들은 여러 장르의 총합체적 성격을 가지고 있음에도 불구하고 연극은 학제적인 연구영역이 될 수 있다고 믿었다. 이들은 문학에서 좀 더 세분화한 극문학과 드라마트루기로의 변화를 시도하며 연극예술의 독자적 입지를 강화시키고자 노력했다. 이러한 일련의 시도들에 의해 미국의 경우 1905년에 하버드 대학교 영문학과의 교과목으로 연극 교육과정이 처음으로 개설되었다. 그리고 1924년에는 예일 대학교에 문학관련 전공에서 완전히 분리된 독자적인 연극학과가 등장하였다.

미국의 경우와 유사하게 독일의 대학에서도 문학에서 분리된 독자적 연극예술을 주장하는 움직임이 일어나고 있었다. 1902년에 막스 헤르만Max Herrmann이 '연극사학회'를 창립하였으며, 1904년에는 후고 딩어Hugo Dinger가 『학문으로서의 드라마투르기』라는 2권의 저서를 발간하면서 연극예술을 독자적 학문으로 구분하려는 시도를 했다. 그리고 1923년에는 베를린에 소재한 대학에 처음으로 연극학 연구소가 설립되었으며, 연극학이 공식적 학문영역으로 자리매김하는 기틀을 제공했다. 1930~40년대에 이르러 연극학과가 자립적인 존재로 인정을 받게 되지만 독일에서 연극학의 개념과 이론이 실제적으로 정립되는 시기는 1970년대 이후에야 가능했다. 한국의 경우 현대극의 개념이 소개된 것은 이인직의 <은세계>가 공연된 1908년을 기점으로 잡고 있다. 연극을 논의한 최초의 서적은 김재철의 『조선연극사』로 1933년에 출간되었으니 역사적 배경은 미천한 편이었다. 1949년에 학술연구단체인 '한국연극학회'가 창립되었으나, 단일 학문으로의 기반을 마련한 것은 1959년 이후 연극학과가 대학에 개설되면서부터이다. 70년대 이후 여석기, 이두현, 장한기, 유민영 등 여러 학자들에 의해 다양한 연극학 관련 서적들이 출간되면서 한국연극학의 위상은 예전보다 나아졌다. 하지만 독자적 분과학문으로의 연극학이 본격적으로 논의된 것은 다양한 이론과 분석방법이 소개된 2000년대 이후부터라고 볼 수 있다.

연극학의 성격은 연극의 기원과 발전과정에서 엿볼 수 있다. 특히 다른 독자적 학문분야와 달리 연극학이 뒤늦게 나타난 이유는 오랜 역사적 연륜을 가지고 있음에도 불구하고 연극은 복합적이고 총합적인 성격을 가지고 있기 때문이라 할 수 있다. 연극은 희곡작품만으로 온전할 수 없으며, 무대 위에서 공연될 때 비로소 완성되는 예술이다. 그런 점에서 극작가, 연출가, 연기자, 각 분야의 디자이너들이 협업을 통해 이뤄내는 공연작품이 연구의 대상에 포함된다. 따라서 연극학의 대상은 시간이 흐르면서 소멸되고, 끊임없이 변화하는 특성을 가지고 있으며, 회상과 기억에 의해 분석해야 하는 특성을 가질 수밖에 없다. 이러한 가변적이고 불명확한 성격에 의해 연극학은 1970년대 이후 기호학, 심리학, 인류학, 사회학 등 다양한 분석방법을 통해 보완하고 발전하려는 노력을 하고 있다. 학문 간의 경계가 모호해지고 예술 장르의 통합을 추구하려는 현대의 풍토는 연극학의 다양성을 강화시켜주는 계기가 되었다. 따라서 희곡과 대본에 치중했던 연극학은 점차 '연극성theatricality'과 '수행성performativity'이란 핵심적인 개념에 방점을 찍게 되었으며, 1980년대 이후 미국을 중심으로 연극학은 공연학/퍼포먼스 연구Performance Studies로 확장되었다.[42]

대략 1960년대 이후 연극학은 미국과 유럽을 중심으로 공연학으로 발전을 했다.[43] 예를 들어, 뉴욕대학교는 연극학과를 공연학Performance Studies으로 변경했으며 Tisch School of the Arts의 프로그램에 학부생을 대상으로 연극학 과목 중에서 최소 7개 이상을 필수적으로 수강하도록 조치되었다. 노스웨스튼 대학교는 약 100년간 사용해 오던 구술연출학과Oral Interpretation라는 명칭을 공연학과로 변경했다. 연극학의 개념이 다양하게 확장되는 추세는 민족무대학Ethnoscenology을 개설한 파리 제8대학에서도 엿볼 수 있다. 이 학과는 모든 문화적 배경에서 발생하는 공연행위를 규합하고 연구의 대상으로 삼았다. 독일의 바이로이트대학교에 속한 FIMTForschungsinstitut fur Musiktheater는 오페라와 뮤지컬을 주 전공으로 하고 있지만, 연극학 교수진의 책임 하에 음악학, 연극학, 매체학 과목들을 수강해야 한다. 연극학은 또한 영국의 런던 대학교, 캐나다의 빅토리아 대학교처럼 응용연극학과Department of Applied Theatre를 개설하여 연극학의 적용범위가 사회문화예술 교육의 차원으로 급속하게 넓어지는 데 기여를 했다. 연극의 완성을 구성하는 3요소 중의 하나인 연극 관객들이 매스미디어의 발전에 따라 다양화되고 파편화되어 가면서 연극도 이러한 변화에 적극적인 대응을 하려고 한다. 이러한 제반조건은 사실 다양하게 분화되는 현대 사회에서 능동적이고 적극적인 수용성의 특성을 가진 연극예술이기에 가능한 것이다. 연극학은 연극을 연구하는 예술학일 뿐만 아니라 문화학의 학문이며 동시에 여러 매체와 결합된 공연연구를 지향하고 있기에 발전 가능성과 활용범위가 매우 높은 매력적인 분야랄 수 있다.

질문에 관한 또 다른 질문 |

● 현대연극이 학문분과로 자리매김하기 위해서 가장 필요한 것은 무엇인가?

| 25 |

연극은 시대를 어떻게 반영하는가?[44]

연극은 기능적인 측면에서 보면, 시대의 갈등과 사건을 묘사하고 인간들의 사상과 염원이나 감정을 묘사하기 때문에 '시간의 거울'이라고 말할 수 있다. 2005년에 출간된 책의 제목을 『연극_시간의 거울』이라고 붙인 이유였다. 셰익스피어가 이미 설파했듯이 우리 모두는 배우이며 세상은 연극무대가 아닌가. 그래서 '연극 없는 세상은 거울 없는 집에서 사는 것과 같다'라는 말이 회자되는 것이다. 사실 연극뿐만 아니라 모든 예술이 당대의 모습을 담아내려는 성질을 가지고 있다. 예술의 본질이라 할 수 있겠다. 하워드 베커Howard Becker에 의하면 소위 '예술가'들의 생각과 그들의 작품은 모두 사회적 부산물이다. 예술은 한 고독한 천재에 의해 탄생하는 게 아니라 예술가와 직간접으로 관계되는 모든 사람에 의해 창조되는 집단적 행위라는 뜻이다. 장르의 양식적 측면에서 보자면 형식의 차이가 있겠지만 베커의 주장대로 모든 예술은 시대의 모습을 반영한다고 생각한다.

예술작품을 포함하여 인간의 모든 활동은 당대의 모습을 반영하거나 시대정신과 깊은 관계를 맺고 있는 게 사실이다. 예를 들어서 건설사에 의해 세워진 공동주택 아파트를 통해서도 시대의 모습을 볼 수 있다. 우리나라에 한 건물에 여러 세대가 공동으로 거주한 첫 번째의 사례는 일제 강점기였지만, 해방 이후인 1959년의 종암아파트와 1961년에 세워진 마포아파트의 등장으로 본격화되었다. 이러한 아파트의 이름을 통해 당대의 취향을 엿보게 된다. 주로 1950년대에서 70년대 초에 지어진 아파트의 이름들은 위치한 지명을 앞에 붙여서 구분하려고 했다. 마을 단위의 집단문화가 남아있던 시대에 건축되었기 때문이었다. 그러다 70년대 중반부터 90년대 경에는 지역명+건설사명을 혼합하여 작명을 했다. 안양럭키아파트, 수원쌍용아파트, 혹은 마산삼성아파트, 분당수정마을대우아파트와 같은 이름들이다. 90년대 중후반엔 진달래아파트, 장미마을아파트, 한일타운아파트와 같은 혼종의 브랜드로 변해갔다. 2000년대에는 래미안, 아이파크, 뷰, 데시앙, 푸르지오, 힐스테이트, 롯데캐슬, 더샵, 자이, e-편한세상, 꿈에그린 등이 등장하기 시작했다. 상품화되어가는 아파트 시장의 경향을 이름에서 느낄 수 있을 것이다. 높아지는 품질보증과 마케팅 비용을 감당하기 어려운 중소업체는 '라미안', '푸르지요'와 같은 유사 이름으로 브랜드가치를 추구하려는 일도 생겨났다.

텔레비전 광고의 변천사에서도 시대의 흐름을 찾기는 마찬가지이다. 먹거리에 관련된 광고이거나 화장품, 혹은 전자기기에 대한 것들을 보면 시간뿐만 아니라 취향의 변화가 무엇인지를 어렵지 않게 찾을 수 있다. 어쩌면 대중가요에서 시대의 모습을 좀 더 적나라하게 엿볼 수 있지 않을까. 반야월 선생께서 '흘러간 가요'가 아니라 '흘러온 가요'라 표현한 이유도 대중가요가 시대의 애환과 대중의 모습을 보여준다고 믿었기 때문일 것이다. 60년대까지의 노래들이 나그네의 설움이나 타향살이, 고향의 거리, 부두와 같은 특정 공간의 추억과 그리움을 리듬에 담았다면, 그 이후엔 4인조와 남녀혼성 보컬 팀이 등장하고 전파매체의 영향이 커지면서 통기타를 맨 가수들이 대중가요계를 석권하였다. 80년대에 컬러텔레비전이 보급되면서 대중가요는 시청각적 요소가 중시되는 양태로 바뀐다. 90년대 후반을 지나면서 가수의 이름은 아파트 변천사에서 보듯이 해독하기 힘들어질지 모르겠다. 비쥬, 아이다, 코나, 클레오, 티티마, 펄스, 하니비, 허쉬, SES, 샤이니, 2pm, MBLAQ, 2ne1, F(x), 포미닛 등의 이름은 천재적인 기억력을 요구하게 만든다. 참, 역대 대통령의 애창곡도 시대의 흐름을 담고 있다. 언론에 보도되었으니 한 번 찾아보기를 바란다.

그렇다면 연극은 어떻게 우리시대의 모습을 담았을까? 작품내용으로 살펴보면 시대별 대중가요의 가사와 유사하게 펼쳐진다. 금전적인 문제, 학벌, 신분에 의해 발생하는 이야기가 많았고, 과장된 정서를 자극하려는 대사들이 주로 30년대에 다뤄진 '신파극'에서 다뤄졌다. 탐정극, 의리인정극, 가정비극 등으로 대중을 웃고 울리다가 한국전쟁 즈음에 시들해져 간다. 이 기간 동안 간혹 학생극회 주축으로 예술극이나 계몽극이 제작되었으며, 부족한 국내 극작가의 수로 인해 서구번역극이 상대적으로 많이 무대화되었다. 70년대 즈음이 되면 미국의 영향이 커져간다. 당시 텔레비전 인기프로그램에서 오래전 작고하신 코미디언 구봉서 선생이 거지 왕초로 등장한 장면은 그러한 영향력이 어느 정도였는지를 잘 보여준다. 죽음을 앞둔 왕초가 부하에게 유품을 남겨주면서 이런 말을 한다. "비록 깡통이지만, 이건 이래봬도 미제야!"

브로드웨이를 견학하고 연수를 다녀온 연극인들에 의해 사실주의 연기가 무르익어가면서 <산불>, <만선>, <바꼬지> 같은 사회적인 소재를 사실적인 표현방식으로 발표하는 작품들이 주목받기 시작했다. 많은 편수는 아니었지만 뮤지컬 작품도 소개되었다. 70년대 후반과 80년대 들어서면서 우리의 전통연희에 대한 관심이 높아진다. 70년대 후반에는 미국과의 관계가 수직에서 수평화되어야 한다는 분위기가 사회전반에 팽배해졌다. 오태석의 <초분>, <태>와 황석영의 <돼지꿈>, <장산곶매>, 마당극 <갑오세 가보세> 같은 공연에 관객들의 호응이 높아졌다. 특히 이 시기에는 역사극이 많이 공연되었다. 아시안게임(86), 서울올림픽게임(88) 등을 유치하면서 전통문화에 대한 강한 지향성을 보였기 때문이다. '우리도 (무엇인가를) 할 수 있다'는 의식이 강해졌으며 민족적 자긍심이 높아진 것이다. 특히 1980년대 후반부터 추송웅의 <빠알간 피이터의 고백>과 같은 1인극이 인기몰이를 하였다. 김시라 원작의 <품바>는 1981년 전남 무안에서 첫무대를 시작으로 지금까지 어디에선가 공연되고 있을지도 모르겠다. 1990년대 이후부턴 우리사회의 양태가 다양해지면서 혼합형의 공연이 늘어난다. 사회, 경제구조의 양극화로 물질관과 소비관의 격차가 심화되고 취미활동이 다양해진 탓일 것이다. 특히 대중적이고 상업적인 경향을 추구하는 공연이 대거 많아졌다.

1990년대에 대중의 인기를 얻었던 <웨스트사이드 스토리>, <아가씨와 건달들>, <넌센스> 등은 2000년대에 들어오면서 외국 제작진과 합작한 혼종 뮤지컬로 변화를 시도했다. 점차 대기업이 뮤지컬 시장에 뛰어들어 수십억 때로는 수백억의 제작비를 쏟아부으며 대형작품을 만들기 시작했다. 예전에 볼 수 없었던 초상업적 공연시장이 형성되는 토대가 이 시기에 마련되었다. 제작자들은 관객을 '호모 콘소마투스'(소비인간)로 여기듯이 '프렌차이즈' 성격의 작품을 만들어냈다. 요즘 서울의 대학로에 가면 행인의 옷자락을 붙잡는 호객행위를 종종 보게 된다. 주로 '개콘류' 작품을 홍보하는 경우인데, 말초적이고 즉흥적이며 파괴적 내러티브의 연극이 많아졌다는 사례를 엿볼 수 있는 현상일 것이다. 그만큼 우리사회가 가벼워졌거나, 현실외면적이거나, 아니면 너무 경직되어 그에 따른 피로증후군에 시달리고 있음을 반영하는 것은 아닐까한다.

공연의 형식적인 면에서도 과거와 달리 상당히 달라졌다. 채색배경 장치에 의존하던 무대가 세련된 미장센을 창조하는 이미지 연극으로 주목받으며, 최근에는 쌍방향 프로젝션을 사용하는 연극까지 소개되고 있다. 레이저빔으로 형상을 만들고, 와이어를 자유자재로 활용하여 공중에서 자유 유영하는 배우를 연출하면서도 동시에 서사 중심의 연극도 강세를 보이는 등 다종다양의 작품들이 증가하고 있다. 발전된 과학기술의 수혜이자 인터넷 기반의 소셜 네트워크가 보편화되면서 외국 공연예술계의 정보를 쉽게 얻을 수 있는 통신망 환경의 개선 탓이다. <예술사회학>의 저자 빅토리아 알렉산더Victoria Alexander는 자신의 책에서 예술에 대한 '반영적 접근reflection approaches'과 '형성적 접근shaping approaches'을 소개하였다. 사회에 의해 예술이 규정되고 결정되느냐, 아니면 예술작품이 사회구성원에게 생각과 행동에 영향을 끼치느냐를 따져본 것이다. 예술은 어느 한 가지 접근만으로 합당할 수 없기에, 개인적인 의견이지만, 반영적인 접근으로 이해되어야 할 것으로 생각한다. 지역, 연령, 성별에 따라 어느 정도 차이는 있겠지만, 공연의 폭력성이 사회에 영향을 끼친다기보다 드라마가 사회의 폭력을 반영한다고 생각하는 게 합당하기 때문이다. 그나저나 요즘 우리 사회가 연극의 내용보다 더 드라마틱해져 가는 듯하다. 그래서 공연 작품들이 기술적 표현에 더 관심을 가지게 되는 이유일 것이다.

질문에 관한 또 다른 질문 Ⅰ

● 감상했던 작품 중에서 우리 시대를 반영한 연극이 있다면 무엇인가?

| 부록 |

연극비평과 공연에세이 예시

무대는 어떻게 관객에게 말을 걸어오는가 〈리어외전〉[45]

고선웅의 무대어법과 〈리어외전〉

자작自作연출가 고선웅의 무대어법은 좀 독특합니다. 적당히 키치적으로 포장한 연극성의 효과가 도드라지기 때문입니다. 그의 무대는 밀어치기 화법, 유희적인 대사, 유머로 포장된 행동과 빠른 전개, 진지하면서도 과장된 대조 효과 등 기존 연극계에서 회피하거나 유의하려는 표현방식으로 관객에게 말 걸기를 시도합니다. 호모 루덴스나 호모 페스티부스 대신에 호모 사피엔스 타입의 연출가를 선호하는 우리 연극계의 경향으로 따지자면 그렇다는 것입니다. 대중의 인기를 받으면 예술성이 부족할 것이라는 생각이 편견이라는 걸 보여주기 위해 그는 노력해 왔습니다. 그래서 고선웅은 스타일 자체를 '스타일화' 하면서 자신의 영역을 확보한 연출가라고 말할 수 있습니다.

무대미학의 요건으로 이성과 논리 그리고 진지와 엄숙을 중시하는 우리의 관행을 생각하면 연출가 고선웅의 어법은 발칙하고 도발적인 편입니다. 작품을 형상화하는 과정에서 전달방식과 무대표현의 괴리가 종종 발생하는 탓도 있습니다. 그러한 이유로 표면적으로 진중하지 못한 공연작품에 대하여 호불호의 반응도 생겨납니다. 경험 있는 관객에겐 익숙하지만 그렇지 않을 경우에는 고선웅 스타일의 놀이성을 감상하기가 쉽지 않습니다.

그럼에도 불구하고 형식으로 내용을 감싸려는 그의 미학적 감수성은 틀린 게 아니라 다를 뿐이라고 받아들이면 관극의 즐거움은 배가 됩니다. 그간 여러 공연작품을 통해 연출가 고선웅은 연극성의 즐거움이 무엇인지를 여실히 보여주었습니다. 복잡한 내용을 간결하게 전달하는 능력도 입증시켜 주었습니다. 관객의 정서와 친화적 관계 맺기를 시도했으며 주제를 통해 관객과 견고한 의미망을 엮어내기도 했습니다. 하지만 결론부터 말하자면, LG아트센터에서 공연된 <리어외전>(2012. 12. 12~28)은 연출가 고선웅의 무대어법의 한계를 보여준 작품이었습니다.

고선웅 스타일의 의미망 형성의 문제

여느 무대에서 보여주었던 고선웅 연출어법이지만, LG아트센터에서의 <리어외전>은 즐겁게 관람하기가 힘들었습니다. 그의 무대가 걸어오는 말들을 소화하기가 버거웠다는 뜻입니다. 늘 그랬던 것처럼 이해하려고 노력했지만 연극적 장치의 의미망을 조정調停하기가 어려웠습니다. 원작의 광대 대신에 코러스를 삽입시켰다거나 리어왕을 유기노인수용소에 가둬버렸다는 설정 때문이 아닙니다. 미싱질하던 코딜리어가 에드가와 눈이 맞고, 장중한 폭풍우 장면이 삭제되고, 총을 든 리어가 악인들을 사살해버리고, 리어카의 시대는 갔다며 안개 속으로 사라질 때 베토벤의 합창 교향곡이 극장에 울려 퍼지는 구성 때문은 더더욱 아닙니다.

연출가 고선웅의 의도처럼 연극은 연극일 따름이고, 그냥 놀이라 생각하며 관람했습니다. 사실, 연출가 고선웅의 무대는 즉흥적이고 유희성을 좇는 것처럼 보이지만 실제로는 정교하게 직조된 세팅인 경우가 대부분입니다. 장중한 비극의 내용이지만 조용필의 '허공'이 스탠드마이크로 불려지고 '어머님의 은혜'가 리코더로 연주된 것도 의도적이었습니다. <리어외전> 포스터가 풍기는 분위기를 살펴보십시오. '오락비극'의 느낌이 도드라지지 않습니까. 간만에 보는 인상 깊은 디자인이 아닐 수 없습니다. 배우들의 무대 비즈니스에서부터 포스터 디자인까지 세밀하게 직조했음을 반증하는 증표들입니다. 그의 연출의도를 읽어보면 이러한 설정들이 사전에 구체적으로 준비되었던 것임을 알 수 있습니다.

원작에 대한 탐구와 작품의 주/부 플롯의 마디unit를 어떻게 절단해야 하는지를 세심하게 분석하고 있으며, 원대잡희 방식의 서사적 장치를 어떻게 작동시켜야 하는지도 기술되어 있습니다. 이 즈음하여 이런 물음을 던져야 하겠습니다. <리어외전>이 관객과 의미망 형성에서 미흡했던 이유는 무엇인가라고 말이죠. 그동안 연출가 고선웅이 사용했던 무대어법이 <리어외전>에서도 총합적으로 적용되었는데 말입니다. 즐거움 대신에 지루함이 객석을 채운 이유가 궁금하지 않을 수 없습니다. 고선웅 스타일의 재미와 여운이 <리어외전>에서 작동되지 못한 까닭에 대한 자문입니다. 셰익스피어의 완숙기에 쓰인 명작이라는 부담감이 작용했을 수도 있겠지요. 그간 발표한 공연들의 호평에 따른 과잉 의욕이 작품을 장황하게 전개시켰는지도 모르겠습니다. 어쩌면 이렇게 다시 물어보아야 할 듯합니다. 왜 고선웅의 연출어법은 LG아트센터라는 공간에서 작동되지 않았을까요?

LG아트센터와 〈리어외전〉의 궁합

그렇습니다. 우리말로 막하는 리어왕을 관객들이 편하게 볼 수 있도록 만들겠다는 생각, 좋습니다. 그래서 연출가 고선웅은 대본을 촘촘히 따지고 정교하게 극적 재미의 코드를 설정했을 것입니다. 동서고금을 막론하는 보편적인 주제를 자유로운 영혼으로 말 걸어볼 량 원대잡희적인 연희성 설정과 코러스를 배치한 것도 거북하지는 않았습니다. 그렇게 대본을 자잘하게 따지면서 분석했으나 공연 장소에 대한 산술은 간과한 게 아닌가 생각합니다. 경기장의 구조와 특성에 대한 오리엔테이션 없이 상대를 다룰 전술만을 대비하고 출전한 운동선수를 상상해봅시다. 예컨대 천연잔디와 인조잔디 그리고 맨땅에서 축구공의 회전과 속도 변화에 대한 정보를 갖지 못한 선수의 결과는 대략 예상 가능할 겁니다.

극장의 선수랄 수 있는 배우들도 마찬가지입니다. 많은 이들이 공연 전에 무대를 점검하고 특성을 파악하려는 노력을 게으르지 않는 것으로 알고 있습니다. 여러 분야의 전문 스태프들도 마찬가지일 것입니다. 우리의 연출가들 또한 예외일 수 없습니다. 희곡이라는 가상세계의 침잠을 탐구할 뿐만 아니라 극장이라는 현실 세계의 물리적 공간과 무대 기술의 운용에 대한 연구에도 관심을 가져야 합니다. 형식으로 작품 내용을 규정하려는 연출가 고선웅에겐 더 이야기할 나위가 없습니다. 이미 알고 있겠지만 <리어외전>이 공연된 LG아트센터의 무대를 살펴봐야겠습니다.

LG아트센터는 국내 최고의 공연장입니다. 흔히들 그렇게 평가합니다. 공연 실무진의 의견을 반영하여 건축된 최첨단 설비의 극장이어서 그렇습니다. 게다가 국내외의 다양하고 수준 높은 공연작품을 기획하는 우수한 프로그램뿐만 아니라 전략적 관객 마케팅으로 운영되는 극장 시스템으로 인해 그러한 평판을 받고 있습니다. 기업 이윤의 사회 환원과 서울의 대동맥에 위치한 지리적 위치, 1천대 이상

동시 주차 가능한 부대시설 및 다양한 편의시설도 명성을 높이는 이유일 겁니다. 이런 무대공간에서 공연작품을 발표하는 예술가라면 어찌 행복하지 않을 수 있겠습니까. 특히 국내에서 객석 시각선이 흠잡을 데 없는 무대와 시기적으로 송년 분위기에 맞춰 찾아 올 관객을 생각하면 공연을 발표하기에 더없이 좋은 조건들입니다. 그런데, 이런 여건들 중 특히 LG아트센터의 무대공간은 <리어외전>의 연출어법과는 궁합이 맞지 않았습니다.

무대가 걸어오는 말

이전에 발표했던 작품들 중 여러 부류의 관객에게 호감을 줬던 <들소의 달>, <인어도시>, <칼로막베스>, <푸르른 날에>의 동인動因을 살펴볼 필요가 있습니다. 이들의 공통점은 일반적으로 500석 규모 이내의 중소형 공연장에서 이뤄졌으며 무대의 높이가 객석보다 낮은 경우가 대부분이었습니다. 물론 자작 연출가 고선웅 특유의 재담과 재미의 흡입력이 관객 어필의 큰 동력입니다. 그의 재능으로 빚어진 찰진 대사와 일정한 음폭으로 속사포처럼 쏟아내는 대사 없이 관극의 재미를 즐길 수 없을 것입니다. 고선웅 스타일은 그간 중소형 규모 극장이라는 조건의 작품에서 적합하게 작동된 셈이었습니다.

말하자면, 즉흥적이고 유희적인 장면 그리고 속사포처럼 빠른 대사와 같은 고선웅 특유의 어법을 감상하기엔 1,103석 규모의 LG아트센터는 적합한 조건이 아닙니다. 폭 25m와 깊이 12.5m의 무대공간에서 발생한 음파(배우 음성과 기계 음향)의 속도가 높이 19.2m와 깊이 24m 객석공간(오케스트라 피트의 이동식 객석공간 포함)으로 파동 되는 과정에서 관객의 사유 속도와 중첩현상을 일으킬 수 있습니다. LG아트센터는 소리의 공간적 울림이 매우 좋은 공연장으로 꼽습니다. 하드우드 판넬Hardwood Panel을 사용한 바닥과 벽면 그리고 어쿠스틱 캐노피를 장착하여 음질을 최대로 높일 수 있는 건물 구조이기 때문입니다.

잔향이 오래 남는 공연장의 특성으로 인해 고선웅 스타일의 속사포처럼 밀어치기 화법은 사실 관객의 청각을 혼란케 할 개연성이 높아집니다. 물론 가변형 음향흡음설비가 설치된 공연장이지만 배우의 육성과 마이크 기계음을 동시에 사용한 <리어외전>에는 그리 도움이 되지 않았습니다. 미세하지만 단어, 문장, 이미지, 개념 이해와 같은 순서로 생각을 작동시키는 관객의 입장에선 잔향이 좋은 LG아트센터가 오히려 해가 된 셈입니다. 따라서 출연 배우들에게 미리 화법을 조율할 필요가 있었습니다. 어찌되었든 <리어외전>의 관객은 관극 즐거움의 핵심인 고선웅의 무대가 걸어오는 말을 명료하게 받아들일 수 없었습니다. 공연 시작 전 "대사가 너무 빠르거나 잘 안 들릴 경우에는 별로 중요하지 않은 내용이었구나 생각하면서 쿨하게 넘어가십시오"라는 하우스 멘트는 뛰어난 위트이자, 작품과 관련하여 기억에 남는 '명대사'였습니다.

공간의 성질과 관객의 감정 반응

연출가 고선웅이 보여주었던 이전 무대공간의 특성 또한 이번 <리어외전>에서 도드라지지 못한 편이었습니다. 배우들의 대기 장소를 무대 위의 3면에 위치토록 한 게 어색하지는 않았습니다. 중앙무대에서 자신의 극 중 역할을 마친 배우는 분장실 같은 대기 장소로 물러나 물을 마시거나 의상을 갈아입거나 동료의 연기에 반응하곤 했는데, 괜찮은 조치였다고 생각합니다. 연출가 고선웅이 바라던 서사적 장치 혹은 연극성 강화의 수단으로 작동되었기 때문입니다. 배우가 극 중 인물로 몰입되는 것을 방지할 뿐만 아니라 관객들에게 공연의 의도를 환기시키는 기능도 했습니다. 하지만 이러한 <리어외전>의 공간적 장치들이 LG아트센터의 관객에겐 적절하게 작동되지 못했습니다. 고선웅 스타일의 감칠맛 풍기는 대사가 적효하지 않았던 것처럼, 무대 공간의 구조 탓이 컸습니다.

LG아트센터는 전형적 프로시니엄 무대 구조의 공연장입니다. 좋은 시각선을 가지고 있긴 하지만 1층 객석공간에서 무대를 바라볼 때 OP석을 포함하여 5열 좌석까지는 배우의 발과 거의 수평 시선이 됩니다. 무대 표면과 동일한 눈높이를 가진 앞쪽 열의 관객은 배우의 얼굴을 보기 위해선 최소 5도에서 최대 30도 정도로 치켜보아야 하는 구조입니다. 극장이라는 물리적 외관의 공간성은 배우와 관객 모두에게 심리적 자극을 유도하는 성질을 가지고 있습니다. 이와 같은 LG아트센터의 공간 시스템에서 감정 주도권은 주로 배우의 몫으로 옮겨가는 경향을 보입니다. 천정이 높은 종교 건축물의 내부에서 발생하는 심리적 감정과 비슷하다고 할까요. 따라서 LG아트센터의 공간구조에서는 관객의 감상 자세가 수동성을 취할 확률이 높아지게 됩니다. '능동적 분중分衆'을 요구하는 고선웅의 스타일에는 치명적일 수밖에 없습니다.

연출가 고선웅은 <리어외전>을 준비하면서 여러 관객 친화적 장치를 구상했습니다. 보여주는 방식에 대한 고민은 동시대적 시공간과 부자지간의 도리와 예의라는 보편적 주제에 초점을 맞추면서, 번역극의 냄새를 빼려고도 했습니다. 광대 대신 코러스를 삽입하면서 비극적이지만 통쾌한 작품을 만들려고 했습니다. 마무리 하자면, 그가 기획한 장치들은 수동적 경향을 취하는 관객의 감정을 자극하지 못하고 말았습니다. 연출가 고선웅의 세계관을 보여주는 무대어법이 관객과 의미망 형성에 한계를 가질 수밖에 없는 공간적 상황 때문입니다. LG아트센터가 비극의 희극화를 쫓았던 작품을 되레 침울한 비극으로 만든 셈입니다. 무대는 어떻게 관객에게 말을 걸어오는가를 되새겨보는 기회였습니다.

일상과 축제에 관한 짧은 생각[46]

아일랜드 출신의 시인 윌리엄 예이츠는 다음과 같은 말을 했다. "술을 마시지 않고 맨 정신으로 있을 때가 인간에게는 가장 최악의 시간이다." 짐작컨대, 술을 참으로 좋아한 시인이었거나 아니면 세상을 고달프게 살았던 예술가이기에 이런 표현을 했나 싶기도 하다. 예이츠의 표현처럼 사람들은 일상에서 스트레스가 쌓이거나 핍박한 사정에 몰릴 때 술잔을 기울일 수 있겠다. 그런데도 또 즐겁고 기쁜 경우에도 술을 마신다. 알코올에 기인한 문제는, 사실 적정량을 넘어선 음주로 인해 통제가 되지 않을 때 생겨나는 게 아닐까. 처음엔 사람이 술을 마시지만 점차 취해가면서 술이 술을 마시고 나중엔 술이 사람을 마셔버리는 장면을 종종 목격하게 될 때가 많다. 서구에서도 '처음엔 너가 술을 마시지만, 술이 술을 마시고 나중엔 술이 너를 마신다First you take a drink, then the drink takes a drink, then the drink takes you'라는 문구를 사용하는 걸 보면, 술에 관하여 동서양 사이에 큰 차이가 없는 듯하다.

술이 인간에게 얼마만큼 무익한지를 주장하기 위해 하는 얘기가 아니다. 과학자들에 의해 술이 어느 정도 유익하고 무익한지 연구되고 있으며, 도가 지나치지 않을 정도의 음주라면 건강 유지에 도움이 된다는 점 또한 널리 알려진 사실이다. 오래전이지만, 뉴잉글랜드 의학 잡지New England Journal of Medicine에 실렸던 연구내용이 흥미로웠다. '하루에 한 잔의 술은 20퍼센트까지 사망위험을 낮출 수 있다'는 결과가 게재되었던 것이다. 흡연으로 인한 사망률이 오히려 하루에 한 잔 정도 적당한 음주를 즐기는 사람보다 5배가 높다는 설명까지 덧붙여 있었다. 어쨌든 9년여 가량의 기간과 49만 명의 남녀를 대상으로 진행되었기에 조사의 신빙성과 신뢰성을 높여주는 내용이 아닐 수 없다.

적당한 알코올 섭취는 과도한 긴장으로부터 유연한 사고를 제공하고, 스트레스를 해소해주는 기능을 부정하고 싶지는 않다. 그렇다고 각박한 현대사회에서 발생하는 스트레스와 긴장, 갈등으로부터 벗어나기 위해 늘 술병을 기울이고 잔을 들어 올릴 순 없잖은가. 누군가는 그래서 운동을 하고, 여유가 있는 누군가는 일상의 피로를 벗기 위해 여행을 떠나거나 문화 활동을 선택한다. 그러나 이러한 선택은 개인이나 가족 단위의 활동으로 한정되는 경우가 태반이다. 만약 마을, 도시, 국가 단위와 같은 대규모 집단으로 이뤄지는 '공인된 일탈'이 이뤄진다면 더 효과적이지 않을까? 약속된 시간과 공간에서 '사회적 합의'에 의한 원초적 생명력과 본래의 창조성을 느껴보는 행사 같은 것 말이다. 억압된 감정과 스트레스를 즐겁게 분출하고 해소할 수 있는 일상으로부터의 집단적인 일탈, 우리는 그것을 축제라고 부른다.

동물의 세계에서 찾을 수 없는 인간만의 생산적이고 집단적인 놀이 활동으로써 축제는 건강한 공동체를 만들고 유지시켜 준다. 그래서 축제 없는 사회란 무미건조하고 생기 없는 커뮤니티일 뿐이다. 국민소득이 높은 나라일수록 축제의 질과 양이 증가하는 것은 자연스런 현상이 아닐 수 없다. 경제규모의 확대와 생활수준의 향상으로 인해 구성원들의 문화적 욕구가 비례적으로 높아지고, 문화향유가 복지 차원으로 확대되기 때문이다. 1,800여개 이상의 축제가 개최되는 프랑스와 셰익스피어 관련 축제만으로도 100여개를 넘기는 미국은 일례일 뿐이다. 우리나라의 경우도 1996년 412개의 축제가 1999년에 793개로 급격하게 늘면서 2010년 3월을 기준하여 전국 16개 시도에서 813개의 축제가 개최되고 있다. 다종의 축제가 증가하면서 이와 관련된 고민들도 늘어나고 있다. 축제의 본래적 기능에 대한 반문과 참여자들의 인식과 대응에 대한 괴리가 문제인 것이다.

축제의 본래적 의미와 기능이란 일상의 즐거움과 공동체의 화합과 통합에 있다. 물론 고전적으로 풀이한 것이지만, 이러한 성격의 축제들이 점차 언저리로 밀려나는 추세랄 수 있다. 과거의 축제가 기존 생활방식을 축복하거나 때로는 전복하려는 의도에 의해 자연적으로 '생겨났다'면, 현대의 축제들은 관광과 산업차원을 의도하여 '만들어지는' 셈이다. 그러다보니 이벤트성의 행사가 많아지고 소위 문화소비를 위한 상품으로 전락하는 경우가 발생한다. 현대사회의 축제에서 집단적 엑스타시스를 체험할 수 있는 기회가 점점 힘들어질 수밖에 없는 구조랄 수 있다. 고대사회의 신화가 하던 역할을 영화, 비디오, 텔레비전, 컴퓨터가 대체하고 있는 현실 탓도 클 것이다. 비극적 운명, 숙명, 신성, 응보와 같은 단어에 머쓱해지고, 말초적인 오락프로그램과 대중스타와 연예인들의 신변잡사에 대신 열광하는 요즘이잖은가. 공동체의 합일과 일상의 유희를 추구하는 잔치다운 축제가 사라지고 있음이 안타까운 이유다.

그럼에도 이번 여름에 두 편의 공연예술 관련 축제에서 공동체의 합일과 일상의 유희를 맛보았던 것은 행운이었다. 올해 10년째를 맞이하는 '밀양여름공연예술축제'에서 대부분의 작품을 감상하는 기회가 있었다. 덕분에 밀양연극촌의 점진적 변화에도 눈여겨보게 되었다. 2007년도에 문화체육관광부가 지원하는 전국 37개 공연예술축제 중에서 밀양여름공연예술축제가 평가 1위로 선정되고, 밀양시가 지방자치단체 최초로 동아연극상 특별상을 수상한 까닭도 엿볼 수 있었다. 축제의 본래적 취지인 공동체 정신을 유지하고 있었기에 가능한 일이 아닐까 생각해 본다. 참여자들의 협동심을 중시하는 경연방식과 유희적이고 창조적인 연극정신을 장려하며, 공동 제작방식을 권장하는 태도들이 축제의 명성을 유지하는 비결인 셈이었다. 그 해에 처음으로 선보인 성벽극장은 야외극의 새로운 시대를 여는 계기가 될 것이란 기대를 주기도 했다.

영남권에 분포된 다수의 공연예술축제 중에서 가장 후발 주자인 '삼족오아시아연극제'가 구미 금오산 자락의 야외무대에서 7일간 진행되었다. 연극제의 주제가 '행복을 향한 첫걸음'이었다. 그런 주제에 걸맞게 시민들이 참여하는 '우리동네연극제'가 도드라졌다. 고등학생, 대학생, 동네주민, 직장인과 공무원으로 구성된 여러 연극단체들이 경연하는 모습은 일상의 축제를 추구하는 자세가 아닐 수 없다. 비록 8편의 국내외 초청작들이 개최지의 지역성을 담아내기에 억지스러웠지만, '우리동네연극제'라는 부대행사가 보기 좋게 상쇄해주었다. 연극제 주제의 핵심을 담아내었기 때문이다. 일상에서 창조적인 에너지를 얻기 위한 방법은 여러 가지이지만, 이러한 축제의 매력은 집단적으로 강력한 파워를 발휘한다는 점이다. 생산적이고 집단적인 축제는 스트레스를 해소하기 위한 음주행위와 비견할 수 없을 것이다. 일상에서 경험하는 창조적 축제, 삶의 기쁨을 적당하게 환기시켜주는 축제가 많아졌으면 좋겠다. 개인과 공동체의 건강한 생명력을 지속시켜주는 축제의 힘, 우리가 축제를 즐기고자하는 이유다.

뮤지컬 〈프라미스〉의 색과 빛을 보면서, 무대미술의 근본을 묻다[47]

공연작품의 감상은 주로 줄거리와 극 중 인물에 초점을 맞추는 경우가 대부분이다. 감상활동이 좀 더 잦아지고 편수가 많아지면 내용에서 표현방식으로 감상 축이 기울어진다. 형식과 내용의 부합성을 따지게 된다는 뜻이다. 6.25 정전 60주년을 맞아 국방부와 국립극장, 육군본부, (사)한국뮤지컬협회가 공동으로 제작한 창작뮤지컬 <프라미스>(*The Promise*)의 감상에도 그러한 관습적 태도를 버리지 못했다. 아마도 굳은 살이 밴 습성을 쉽게 떨치지 못한 탓이겠다. 그래도 그런 습성으로 인해 결론부터 말하면 색과 빛을 다루는 무대미술의 근본을 <프라미스>에서 읽을 수 있었다.

국방부가 뮤지컬을 제작하기 시작한 것은 2008년으로 거슬러간다. 첫 작품 <마인>은 비무장지대를 배경으로 군인 아버지와 신세대 아들의 갈등과 화해를 다룬 내용이었다. 건군 60주년을 맞아 군의 사기 진작과 변화를 문화적 지렛대로 일궈보려는 시도의 줄거리랄 수 있겠다. 50대 1의 경쟁을 통해 선발된 40여명의 육군 장병들이 출연하면서 '아미컬armycal'이란 신조어를 만들기도 했다. 2010년에 발표된 두 번째 뮤지컬 <생명의 항해>는 군軍뮤지컬도 일반 뮤지컬처럼 감동적이란 걸 입증시키고자 했다. 6.25 발발 60주년에 전쟁의 참상을 상기시키기 위한 목적극의 탓이었는지 스타 연예 병사들의 열연에도 불구하고 '국방부 표' 뮤지컬이란 딱지는 떼어내지 못했다. 관제공연의 한계랄 수도 있겠다.

세 번째 뮤지컬 <프라미스>는 그런 점에서 보자면 전작들의 경험으로부터 도움을 받았음직하다. '국방부' 표 뮤지컬이란 증지가 붙었음에도 지금까지의 편견을 없애준 작품이랄 수 있기 때문이다. 지난 1월부터 3월까지 공연된 <프라미스>의 줄거리만 따져보면 이전 작품에서 풍기던 계몽적 냄새가 빠지지 않은 느낌이었다. 삶과 죽음의 갈림길에서 조국과 가족의 운명을 책임져야 할 7인의 병사들을 통해 인간의 존엄성과 자유의 소중함에 대한 강조는 그래서 더 도드라졌다. 동일한 제작의도의 태생적 배경으로 인해 지루하고 따분한 감상이 될 수밖에 없는 조건이기도 했다. 하지만 객석 등이 꺼지고 조명이 무대를 비출 때 그러한 우려는 기우가 되었다. 개성 · 문산에서 다부동 전투까지 생사의 전화戰火 속에서 전우애와 가족애를 엮어내는 장면들을, 특히 조명기술이 세련되게 묘사해주었기 때문이다.

묘사란 어떤 사물이나 현상을 언어로 서술하거나 표현하는 행위다. 공연의 경우는 무대언어로 장면을 구축하고 중심사상을 전달하게 된다. 무대언어란 배우의 대사뿐만 아니라 무대장치와 의상, 조명, 분장, 소품 등을 포괄한다. 추상적 음악이 감정과 분위기를 묘사하고 표현하듯이, 색과 빛도 공연작품의 내용을 수식하고 이야기를 전달하기 때문이다. 테크놀로지의 발전으로 현대 공연예술들이 대사중심에서 비언어적 표현방식으로 빠르게 전이되는 이유이기도 하다. 국방부 뮤지컬 <프라미스>에서 보여준 조명(디자이너 구윤영)의 예술적 부합은 그래서 더욱 도드라질 수밖에 없다. 물론 연출(이지나)의 의도가 반영되었겠지만, 보이지 않는 북한군의 존재를 뒷무대의 서치라이트로 묘사하면서 동시에 국군의 심리적 압박감을 고보gobo의 다양한 패턴으로 처리한 색과 빛의 서술능력을 얘기하지 않을 수 없다.

사실, '색과 빛이 독자적으로 이야기를 할 수 있는가'란 물음을 가졌던 예술가는 러시아태생의 화가 바실리 칸딘스키Wassily Kandinsky였다. 이러한 질문에 관한 탐구를 실천하여 칸딘스키는 추상미술의 창시자가 되었다. 음악을 최상적인 추상예술로 여겼던 그는 '색채음악color music'이라는 개념을 만들기도 했다. 20세기 초엽 칸딘스키가 추구한 표현 가능성의 탐구는 모홀리 나기Moholy-Nagy에 의해 더욱 확장되었다. 당시 떠오르던 새로운 개념의 무대 연출방식에 영향을 끼치면서 조명술은 비약적인 발전을 했다. 배우의 대사처럼 색, 빛,

형태 등이 '무대언어'로 기능하게 된 것이다. 현대 공연예술에서 중요하게 사용되는 조명술과 영상기법은 궁극적으로 20세기 초엽의 미술가들의 표현 언어 확장시도에서 비롯되었다고 말할 수 있다. 구윤영 조명디자이너가 보여준 빛과 색에 의한 상황의 암시와 등장인물의 심리묘사도 궁극적으로 앞선 화가들로부터 빚을 지고 있는 셈이다. 마치 이전 작품들의 특장으로부터 도움을 받은 <프라미스>가 '국방부표' 창작뮤지컬의 예술성 확보에 대한 기우를 덜어준 것처럼.

| 참고문헌 |

Annette Kuhn. 『이미지의 힘』(*The Power of the Image: Essays on Representation and Sexuality*). 이형식 옮김. 서울: 동문선, 2001.

Broadhurst, Susan. "The Jeremiah Project." *TDR* (Winter 2004). Cambridge: MIT Press, 47-57.

Brook, Peter. *The Empty Space.* New York: Atheneum, 1968.

Bruce McConachie. *Engaging Audiences: A Cognitive Approach to Spectating in the Theatre*. New York: Palgrave Macmillan, 2008.

D'Aluisio, Faith(페이스 달루이시오). 『새로운 종의 진화』(*Robo sapiens*). 서울: 김영사, 2002.

Dixon, Steve. "Metal Performance." *TDR* (Winter 2004). Cambridge: MIT Press, 15-46.

Johnson, Dominic. *Theatre & the Visual*. Houndmills: Palgrave Macmillan, 2012, 73-74.

Lee A. Jacobus. *The Bedford Introduction to Drama.* Bedford, 1993.

Mumford, Lewis(루이스 멈포드). 『예술과 기술』(*Art and Technics*). 서울: 민음사, 1999.

Strosberg, Eliane. 『예술과 과학』. 김승윤 옮김. 서울: 을유문화사, 2001.

Takahashi, Tomotaka(토모타카 타카하시). "Robot Designer or Robot Creator." 『로봇과 인간』(여름, 2007). 13-18.

Wako, Tojima(도지마 와코). 『로봇의 시대』. 조성구 옮김. 서울: 사이언스북스, 2002.

김광희. 『로봇비지니스』. 서울: 미래와경영, 2002.

김명곤의 세상 이야기: '판소리 부르는 미녀 로봇 '에버'를 아시나요?'

(2009/06/20) <http://dreamnet21.tistory.com/>

김효. 「연극 중심주의에 대한 비판 담론: 공연학의 등장」. 『퍼포먼스 연구와 연극』. 서울: 연극과인간, 2010.

브라이언 보이드. 『이야기의 기원』. 남경태 옮김. 서울: 휴머니스트, 2013.

소홍삼. 『무대의 탄생』. 서울: 미래의창, 2013.

오은. 『너는 시방 위험한 로봇이다』. 파주: 살림, 2001.

이인식. 『나는 멋진 로봇 친구가 좋다』. 서울: 랜덤하우스중앙, 2005.

이재명. 『극문학이란 무엇인가』. 서울: 평민사, 2007.

이종호. 『로봇, 인간을 꿈꾸다』. 서울: 문화유람, 2007.

조광석. 『테크놀로지 시대의 예술』. 파주: 한국학술정보, 2008.

진중권 엮음. 『미디어아트-예술의 최전선: 예술과 과학의 연금술사, 세계의 미디어 아티스트 8명을 만나다』. 서울: 휴머니스트, 2009.

<Hamlet>. *The Tragedies of Shakespeare (ii)*. Chicago: Spencer Press, 1955.

<http://www.hani.co.kr/arti/culture/music/422939.html>

<http://www.yonhapnews.co.kr/festival/2010/06/03/3308000000AKR20100603000500005.HTML?template=3660>

<http://premium.chosun.com/site/data/html_dir/2015/12/11/2015121100511.html>

<http://art.chosun.com/site/data/html_dir/2015/10/05/2015100500553.html>

| 주석 |

1 브라이언 보이드, 남경태 옮김, 『이야기의 기원』, 서울: 휴머니스트, 2013, 189쪽.

2 Brook, Peter, *The Empty Space*, New York: Atheneum, 1968, 9쪽에 실린 내용으로 미주의 19번에 발췌한 원문이 있으니 참조하기 바란다.

3 "We'll hear a play tomorrow. thou hear me, old friend; can you play the Murder of Gonzago?" <Hamlet>, *The Tragedies of Shakespeare (ii)*, Chicage: Spencer Press, 1955, 624쪽.

4 Annette Kuhn, 이형식 옮김, 『이미지의 힘』(*The Power of the Image: Essays on Representation and Sexuality*), 서울: 동문선, 2001, 99쪽.

5 Bruce McConachie, *Engaging Audiences: A Cognitive Approach to Spectating in the Theatre*, New York: Palgrave Macmillan, 2008, 100쪽.

6 도미닉 존슨Dominic Johnson은 자신의 저서 『연극과 시각』(*Theatre & the Visual*)에서 정치적, 문화적으로 민감한 사안들을 시각적으로 묘사하면 연극 관객들은 음성언어로 표현되는 것보다 강하게 반응한다고 주장하였다. 하지만 텍스트를 완전히 배제한 상태에서 시각적 묘사만을 추구한다면 감상의 즐거움뿐만 아니라 곤혹스러움까지 수반될 수 있음을 지적하면서 존슨 또한 무대 위에서의 시각과 청각 표현 간 우위성, 즉 등급의 차이에 대하여 설명하고 있다. Johnson, Dominic, *Theatre & the Visual*, Houndmills: Palgrave Macmillan, 2012, 73-74쪽.

7 Jacobus, A. Lee, *The Bedford Introduction to Drama*, Bedford, 1993, 23쪽.

8 고전학자였던 제럴드 엘스Gerald Else 교수는 연극의 기원을 창조적인 예술가들의 노력에 의해 발전되었다고 믿는다. 연극의 기원에 관련된 또 다른 이론은 인간의 '스토리텔링'에서 찾기도 한다. 문자가 발명되기 이전에 기록은 이야기

를 전하는 방식으로 이뤄졌기 때문이다. 이야기를 좀 더 생생하게 전달하는 과정에서 행동이 수반되고 감정이 표출되면서 연극으로 발전되었다고 주장하는 이들도 있다.

9 '거리두기'는 '이화효과' 혹은 '소외효과'로 알려진 alienation effect라는 용어와 동일하게 사용된다. 무대에서 시연되는 배우의 연기와 극 중의 장면이 실제가 아니라는 점을 부각시키는 방식으로 관객의 객관화를 유지하게 만드는 기능을 한다. 관객을 관찰자 시점으로 변환시키기 위한 이화효과의 일례는 '이것은 연극이다'를 자각하도록 극적 환영을 깨는 것이다.

10 연극의 시작과 발전에 대한 얘기를 하면서 사용한 E. H. 곰브리치의 유명한 『서양미술사』(*The Story of Art*)는 도서출판 예경에서 1999년에 출간한 16차 개정증보판을 사용했다.

11 아버지부터 아들, 딸, 손자, 증손자 모두가 극장 관련 일을 했다. 아버지는 지오바니Giovanni Maria Galli da Bibiena, 1625–1665이고, 화가로 활동한 딸은 마리아Maria Oriana, 1656–1749이며 큰 아들 페르디난도Ferdinando, 1656–1743는 건축가이자 디자이너로 일했다. 둘째아들도 건축 일을 했는데 이름은 프란시스코Francesco, 1659–1739이고, 손자 알레산드로Alessandro, 1686–1748와 귀세페Giuseppe, 1696–1757 모두 극장 관련 일을 했다. 또 다른 손자들인 안토니오Antonio, 1700–1774, 지오바니Giovanni Carlo, 1717–1760 그리고 증손자 카를로Carlo, 1728–1787 모두가 건축가 혹은 디자이너였다.

12 조선일보, '와이드인터뷰' 중에서 인용함. 2015년 12월 12일 오전 12시 20분 http://premium.chosun.com/site/data/html_dir/2015/12/11/2015121100511.html

13 한겨레신문의 박기용 기자가 인터뷰한 '1000만 영화 7편 오달수 "꼬라지대로 연기해야"에서 오달수배우의 인터뷰 내용이다.
http://www.hani.co.kr/art1/culture/culture_general/710550.html?_fr=mt1

(2015년 9월 26일)

14 2003년 '연극열전'을 시작하기에 앞서 대학로에는 파격적인 포스터들이 걸렸다. 다섯 마리의 꽁치들이 담배 피는 모습의 포스터는 대중에게 큰 인상을 주었으며, 2004년 첫 행사에서 티켓 판매가 순조롭게 이뤄졌으며 그 이후 연극열전의 시리즈가 계속 이어지고 있다. 물론 파격적인 포스터만으로 관객에게 어필한 것은 아니다. 당시 연극에서는 시도되지 않았던 버스 광고로 시도되었으며 일간지 중심으로도 대대적인 행사 안내를 하는 등 총합적인 홍보 활동의 결과가 '연극열전'의 성공을 이끈 요인들이었다. 소홍삼, 29-30쪽 참조.

15 '드라마'는 희곡, 즉 문학적 차원의 대본을 의미하는 경향이 강하다. 국문학자이자 연극학자인 이재명은 『극문학이란 무엇인가』라는 책에서 희곡과 연극을 구분하기 위해 설명하면서 "연극Theatre과 희곡Drama, 이 두 용어는 서로 밀접한 관계를 맺고 있으며, 경우에 따라서는 동의어로도 쓰인다. 이 둘의 구분은 그리 쉽지 않지만 기본적으로 연극이 실제 무대 제작 작업과 관련된다면, 희곡은 그 이전에 이루어지는 문학적 작업과 관련된다고 구분할 수 있다."라고 설명하고 있다. 이재명, 10쪽 참조 바람.

16 한겨레신문의 안창현 기자가 '나라 운명 짊어진 필부의 고통, 관객에 닿아'라는 제목으로 연극 <조씨고아, 복수-이 씨앗>의 주인공 하성광을 인터뷰한 기사에서 발췌했다.
http://www.hani.co.kr/arti/culture/music/717663.html?_fr=mt3 (2015년 11월 17일, 18시 37분)

17 '디아볼로'의 내한 공연에 대한 조선일보의 기사(2015년 10월 6일자, 21시 43분)에서 발췌함.
http://art.chosun.com/site/data/html_dir/2015/10/05/2015100500553.html

18 '우리시대의 시스템과 고선웅의 스타일 <들소의 달> <칼로막베스>', 『연극평론』(2011 겨울호), 43-48쪽 참조 바람.

19 "A man walks across this empty space whilst someone else is watching him, and this is all that is needed for an act of theatre to be engaged." Brook, 9쪽.

20 '연극학과 미디어'라는 주제의 한국연극학회 추계학술대회(2010)에서 발표한 논문을 보완, 정리하였다.

21 Mumford, Lewis(루이스 멈포드), 『예술과 기술』(*Art and Technics*), 서울: 민음사, 1999, 79쪽.

22 Mumford, 위의 책, 80쪽.

23 오은의 지적처럼 로봇은 궁극적으로 인간이 만든 기계이기 때문에 태생적으로 친 인류적일 수밖에 없다. 따라서 인간과 닮은 모양의 로봇을 만들려는 태도는 자연스러운 현상이다. 휴머노이드(humanoid=인간 모양의 로봇)와 안드로이드(android=인조인간형) 로봇을 추구하게 될 것이며, 산업현장을 벗어나 일상 환경에서 인간과 친숙한 존재로서의 로봇이라는 인식을 심어주게 될 것이다. 「연극무대와 미디어테크놀로지」, 13쪽.

24 유대전설에 나오는 인공적으로 창조된 인간으로 마법이나 연금술과 같은 비법을 통해 생력을 가지게 된다.

25 D'Aluisio, Faith, 『새로운 종의 진화』(*Robo sapiens*), 서울: 김영사, 2002, 23쪽.

26 D'Aluisio, 위의 책, 24쪽.

27 컴퓨터의 성능이 개선되면서 로봇공학은 더욱 박차를 가하게 되었다. 즉, 로봇 안에 두뇌와 같은 것을 집어넣는다는 발상이 가능하게 되었기 때문이다. 1940년대 영국의 수학자 앨런 튜링Alan Turing이 설파한 '기계와 지능을 갖춘 인간을 분간해 낼 수 없다면 기계도 지능을 갖는다고 해야 한다는 이론'은 인공지능의 기초를 마련하는 계기가 되었다. 세계 최초의 인공지능만을 연구하는 실험실은 MIT의 선구적인 컴퓨터 학자 존 매카시John McCarthy와 마빈 민스키Marvin Minsky에 의해 1950년대 말에 이르러 설립되어졌다. 달루지오에 의하

면 인공지능 연구를 통해 인간 지능에 관한 연구를 촉진하는 목적 이외에 이 실험실은 로봇에 인공지능을 삽입하는 것도 포함하고 있었다. 「연극무대와 미디어테크놀로지」, 23-24쪽.

28 오은, 위의 책, 14쪽.

29 D'Aluisio, 위의 책, 18-19쪽.

30 이러한 표현은 리처드 도킨스의 <이기적 유전자>에서 노골적으로 이뤄진 것으로, 로봇이 등장하는 영화에서 인간의 역할은 최소한으로 축소되거나 아무짝에도 쓸모없는 존재로 그려진다.

31 "Go, Adam, go, Eve. The world is yours. [...] At least the shadow of man!"

32 오은, 위의 책, 3쪽.

33 이인식, 『나는 멋진 로봇 친구가 좋다』, 서울: 랜덤하우스중앙, 2005, 90쪽.

34 "케빈 워익Kevin Warwick은 내년에 자신의 몸속에 칩을 삽입함으로써 이 질문에 답하려 한다. 인간 진화의 다음 단계가 인간에서 기계로의 진화라는 것은 충분히 가능성이 있는 이야기이다. 질문에 대한 답변의 다른 한 부분은 반도체 칩이 제공한다. 반도체는 기술적인 미래를 폭발적인 변화 속으로 밀어 넣고 있다. 컴퓨터는 현재 거의 어디서나 볼 수 있고, 앞으로도 더욱 그러할 것이다. 컴퓨터 칩들은 매년 더 작아지고, 더 빨라지고, 값싸지면서도 더욱 강력해지고 있다. 무어의 법칙에 따르면, 컴퓨터 칩의 성능은 매년(약 18개월) 두 배 정도 빠르게 강력해진다고 한다. 칩의 크기가 점점 작아지면서도 그 발전 속도는 점점 빨라지는 이런 지수적 증가가 둔화되고 있다는 징조는 어디에서도 보이지 않는다. 컴퓨터 반도체의 발전을 인간 두뇌의 진화와 비교하면서, 많은 전문가들은 기계의 지능이 불가피하게 인간의 지능을 추월하게 될 것이라고 결론을 내린다. 남아있는 문제는 그 시점이 언제인가 하는 것뿐이다." (D'Aluisio 17)—"반도체-생체 연결 컴퓨터: 독일 막스 플랑크 연구소의 '퀸터 제크' 박사팀은 반도체 회로와 달팽이의 신경세포를 연결, 전기신호를 주고받

는데 성공했다고 최근 발표했다. 이는 미국 국립과학원논문집을 통해 소개되었다. 과학자들은 '지금은 반도체와 신경세포 한두 개를 연결하는 수준이지만, 더 발달하면 반도체 회로와 신경세포의 집합체인 두뇌를 연결한 혁신적인 컴퓨터를 만들 수 있다'고 말한다. 현재 반도체 컴퓨터는 두뇌와 달리 스스로 판단하는 능력이 없는데, 반도체 회로와 두뇌를 결합해 판단력을 갖춘 컴퓨터를 만들 수 있다는 것이다."(김광희 238)

35 진중권, 290쪽.

36 Broadhurst, Susan, "The Jeremiah Project", *TDR* (Winter 2004), Cambridge: MIT Press, 47쪽.

37 Dixon, Steve, "Metal Performance", *TDR* (Winter 2004), Cambridge: MIT Press, 28쪽.

38 D'Aluisio, 17쪽.

39 Dixon, 40쪽.

40 Strosberge, Eliane, 『예술과 과학』, 김승윤 옮김, 서울: 을유문화사, 2001, 261쪽.

41 D'Aluisio, 위의 책, 19쪽

42 연극학에서 공연학으로 전이되면서 포스트모더니즘 이후 퍼포먼스 연구로 전환되는 과정에 대한 관심이 있다면 한국연극학회에서 펴낸 『퍼포먼스 연구와 연극』(서울: 연극과 인간, 2010)을 읽어보기를 추천한다.

43 김효가 쓴 「연극 중심주에 대한 비판 담론: 공연학의 등장」에서 관련 내용을 좀 더 상세하게 읽어볼 수 있을 것이다. 우리나라의 대부분 대학교육기관은 여전히 '연극학'이라는 명칭을 학과명 혹은 전공명으로 사용하고 있으나 이미 서구사회에서는 공연학이라는 용어로 대체되고 있다고 설명하고 있다. 그러나 실제로는 아직도 많은 서구의 대학에서 연극이라는 뜻의 'theatre'를 고수하고 있음도 사실이다. 17-36쪽 참조.

44 이 글은 마산 3.15아트센터에서 발행하는 <문화누리>(Vol. 12, 2010. 12, 26쪽)에 실렸던 내용을 보완 정리하였다.

45 이 글은 한국연극평론가협회에서 발간하는 『연극평론』(통권 68호) 2013년 봄호, 30-33쪽에 실렸던 내용이다.

46 이 에세이는 창원문화재단에서 발행하는 『문화누리』(Vol. 10)에 공연문화 관련하여 정기적으로 집필했던 글 중에서 2010년 8월에 게재되었던 내용이다.

47 국방부에서 제작한 뮤지컬 <프라미스>를 관람한 후 무대 미술에 관련된 비평문을 썼으며 남성잡지 <Gentleman>(2013년 6월호)에 게재되었다.

| 찾아보기 |

ㄱ

ㄷ

ㄹ

ㅁ

ㅇ

ㅍ

ㅎ